A Bandeira do Elefante e da Arara

SUPLEMENTO
A CAPITANIA REAL DO RIO DE JANEIRO

Luciano Campos Tardock

Autor: Luciano Campos Tardock
Coordenador Geral: Christopher Kastensmidt
Gerente Editorial: Paulo Roberto Silva Jr.
Diretor de Arte: Guilherme Da Cas
Ilustrações Internas: Ernanda Souza, Gabriel Rubio, Pedro Krüger, Renan Ribeiro, Robson Michel, Ursula "SulaMoon" Dourada, Victor Ferraz
Diagramação: Erik Plácido

Editora: Devir Livraria

Cartografia: Filipe Borin
Capa: Guilherme Da Cas
Revisão e Edição Preliminar: Christopher Kastensmidt, Marcelo Cortez e Marquito Maia
Projeto Gráfico da Coleção: Filipe Borin
Logomarca: André Vazzios

Dados Internacionais de Catalogação na Publicação (CIP)
(Câmara Brasileira do Livro, SP, Brasil)

Tardock, Luciano Campos
  A bandeira do elefante e da arara : suplemento :
a capitania real do Rio de Janeiro / Luciano Campos
Tardock ; [coordenador geral Christopher Kastensmidt].
  -- São Paulo : Devir, 2018.

Vários ilustradores.
ISBN 978-85-7532-720-3

1. Jogos de aventura 2. Jogos de fantasia
I. Kastensmidt, Christopher. II. Título.

18-20870   CDD-793.9

Índices para catálogo sistemático:

1. Jogos de aventura : Recreação 793.9
2. Jogos de fantasia : Recreação 793.9

A BANDEIRA DO ELEFANTE E DA ARARA: LIVRO DE INTERPRETAÇÃO DE PAPÉIS
- SUPLEMENTO A CAPITANIA REAL DO RIO DE JANEIRO
© 2018 Christopher Kastensmidt. Todos os direitos reservados.

Baseado no mundo ficcional A Bandeira do Elefante e da Arara™, criado por Christopher Kastensmidt.

DEVIR
www.devir.com.br

Nota

Este suplemento tem o objetivo de fazer uma apresentação da Capitania Real do Rio de Janeiro como cenário para o mundo ficcional de *A Bandeira do Elefante e da Arara*. Ainda que baseado em referências e trabalhos históricos, ele não tem a pretensão de ser uma pesquisa acadêmica. Ele mistura fatos com ficção, personagens históricos com imaginários e deve ser lido como inspiração para o leitor narrar suas próprias aventuras dentro deste Brasil mágico e alternativo do século XVI. Sinta-se livre para alterar informações e datas para um melhor divertimento e rendimento das suas sessões de jogo.

Conteúdo

**1 | A CAPITANIA REAL
DO RIO DE JANEIRO: UM RELATO** 1
Uma breve história da capitania 1
A cidade de São Sebastião do Rio de Janeiro 3
A Baía de Guanabara 10
Além da baía 13

**2 | MAIS INFORMAÇÕES SOBRE
O BRASIL SEISCENTISTA** 19
Povoamentos 19
Os povos 21
Expedições para o interior 24

3 | OS MONSTROS E MAGIA DA CAPITANIA 27
Bestiário 27
Quinquilharias, bugigangas e itens mágicos 36

**4 | AVENTURA NA CAPITANIA:
O Resgate da França Antártica!** 45
Ideias para outras aventuras na Capitania
Real do Rio de Janeiro 73

**APÊNDICE: A LINHA
DO TEMPO DA CAPITANIA** 75
APÊNDICE: BIBLIOGRAFIA 79
FICHAS DOS PERSONAGENS 82

Uma cidade dura.
Cercada de dificuldades por todos os lados.
A Capitania Real do Rio de Janeiro fora erigida em local exuberante.
Tão exuberante quanto o canto de mil sereias.

*— **Frei Gastão**, Membro da Companhia de Jesus.*

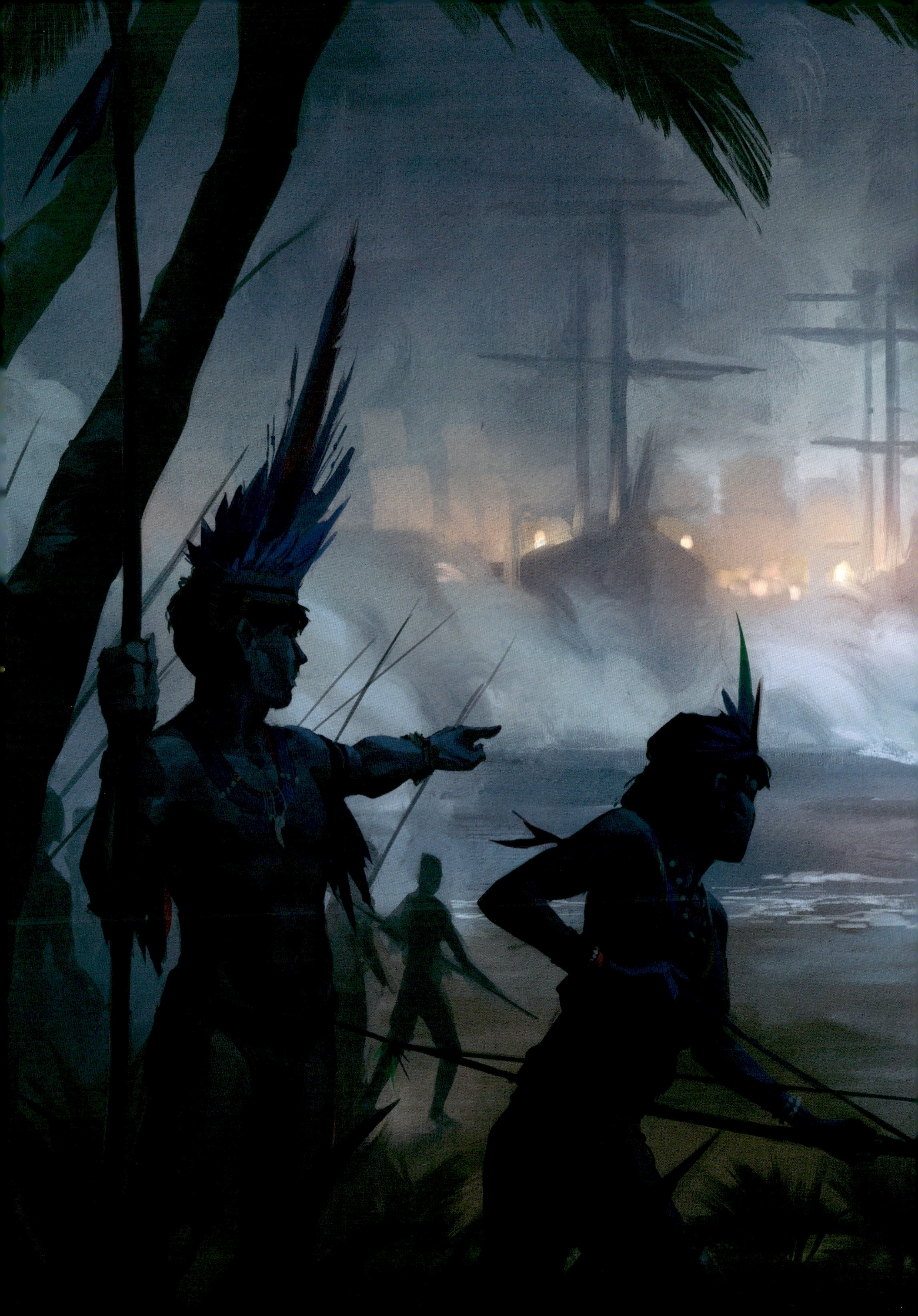

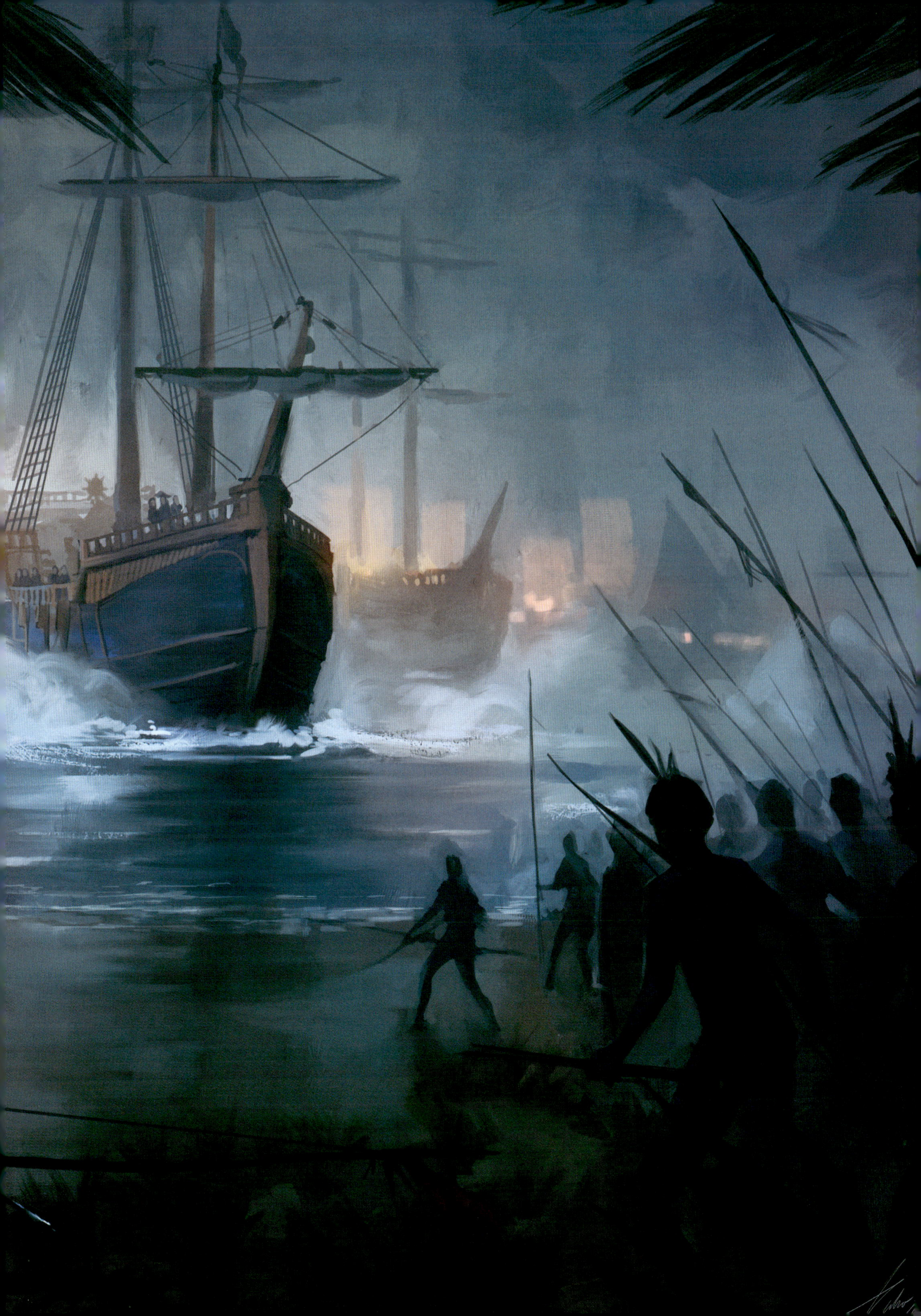

8 de fevereiro do ano de 1570 de Nosso Senhor Jesus Cristo

Nossa nau cruzou a barra da baía no início do anoitecer. Viajávamos vindo da Capitania de Porto Seguro, tendo todo o cuidado de evitar os franceses que infestavam o litoral sul. Viajar ajustando a chegada para o anoitecer vinha sendo uma estratégia bem aplicada pelos portugueses. A pequena capitania, agora, Real, abria um leque de possibilidades de todas as outras. Possibilidades infinitas! Quem saberia? Ouro e prata, certamente. As lendas de esmeraldas corriam pelas bocas dos nativos!

Quando entramos na baía, no alto do morro, víamos o lume das casas que residiam sobre os morros. O mais alto, do Castelo, fortificado, tinha suas muralhas tingidas sob o tom das tochas que o localizavam. Os outros morros também começavam a ser pintados de luzes que mais lembravam pequenos vagalumes estáticos. Atrás disso tudo as grandes serras que comprimiam o reino dos nativos, Ibirapitanga, o reino da Árvore Vermelha, cobiçada por todos: franceses e portugueses, em especial. Para além de Ibirapitanga, as serras, que comprime a todos contra o mar.

Mesmo com o anoitecer avançando sobre nossas cabeças, pudemos ver a beleza dessa baía. Protegida por seu gigante de pedra, fomos saudados por botos cinzentos que saltavam muitas varas logo ao lado de nossa nau e das outras que chegavam. Os velhos marinheiros contavam histórias sobre a baía ser o reino da Iara e de seu exército de sereias. Elas cantavam à noite e os marinheiros incautos se jogavam no mar, seduzidos pelo canto, sequestrados de suas vontades, lutavam pela Iara. Tanta exuberância não podia vir sem sua cota de perigos.

Anseio para que os primeiros dias na cidade sejam proveitosos. Aportar uns dias na cidade de S. Sebastião do Rio de Janeiro para depois levantar bandeira rumo ao interior. Se os próximos meses forem venturosos, acredito que em no máximo dois ou três anos esteja eu novamente em minha cidade, Londres. Para tanto, preciso encontrar o que todos vêm procurando e não encontrando. Que os bons ventos tragam a fortuna que tanto aguardo.

- **James Cranmer,** *Explorador e Navegador inglês*

A CAPITANIA REAL DO RIO DE JANEIRO: UM RELATO

Junho de 1576

A Capitania Real do Rio de Janeiro é um território grande, que se estende do Rio Macahé ao norte até o povoado de Santo Antônio de Caraguatatuba ao sul. Apesar do nome imponente, A Capitania Real do Rio de Janeiro talvez seja o lugar mais feroz entre todas as outras capitanias. Foi a última capitania criada, o que deu tempo para os franceses invadirem parte do território e acirrar os ânimos das tribos locais. Essa região é repleta de aldeias indígenas ferrenhas defensoras de suas matas, sua riqueza e de seus mistérios. Existem incontáveis navios piratas por todo o litoral, ansiosos por tomar tal território para si, atrapalhando os planos dos portugueses. Também há criaturas fantásticas escondidas na mata ainda virgem. No meio de tudo isso, há pequenos pontos de colonização portuguesa, resistindo por todos os lados.

A Capitania Real do Rio de Janeiro é um território pouco explorado por conta do abandono do seu antigo administrador, que só teve olhos para outra capitania, e por conta da invasão francesa que tomou a região das mãos lusitanas temporariamente. Mas os portugueses conseguiram se estabelecer na região e fundaram a cidade de São Sebastião do Rio de Janeiro, que ocupa um dos lados da Baía de Guanabara. Do outro lado da baía, algumas vilas começam a se formar, mas não dão conta de ocupar todo seu território.

Apesar disso, nem tudo está como havia sido planejado. Conflitos entre diferentes tribos, os ataques piratas de diversas nações e criaturas que não eram conhecidas dificultam a vida dos colonos na região. A Capitania Real do Rio de Janeiro ainda é um território repleto de lendas e de informações difusas que alimentam os sonhos dos que buscam riqueza e oportunidades.

UMA BREVE HISTÓRIA DA CAPITANIA

Colonizar as terras brasileiras não é um trabalho fácil de ser resolvido em nenhum dos recantos do Brasil, muito menos na região onde surgiu a Capitania Real do Rio de Janeiro. A honra de receber uma das capitanias pelos súditos da Coroa lusitana é um oceano de dificuldades. Custos altos e sem retorno imediato, a diferença de clima exige que os corpos europeus se mantenham no limite do esforço e desgaste em um modelo de vida muito diferente. A constante pressão dos ataques de piratas e contrabandistas - normandos, bretões, holandeses e, em especial, franceses, que buscam as riquezas da terra - força os nativos a defender seu território. Todos os segredos e mistérios permanecem ocultos em meio à imensidão das matas.

A Capitania do Rio de Janeiro era originalmente a parte mais setentrional da Capitania de São Vicente, criada por D. João III, o Colonizador, em 1534. Mas Martim Afonso de Souza, seu donatário, não tinha planos imediatos para a região. Focou seus esforços na região sul de sua capitania, que despontava na cultura da cana-de-açúcar, mas a história da região é muito anterior às primeiras tentativas de colonização por portugueses e franceses. Na ocasião da chegada dos portugueses, toda essa região era povoada por diferentes povos tupis que migraram da região amazônica séculos atrás. Estes expulsaram os antigos habitantes, os tapuias, que foram empurrados para o interior enquanto as diferentes tribos invasoras se espalharam por todo o território do litoral. Tupinambás e tamoios ocupavam a maior parte do litoral em ambos os lados da baía, enquanto seus adversários, os temiminós, ocupavam a Ilha de Paranapuã.

Os portugueses encontraram a Baía de Guanabara em primeiro de janeiro do Ano da Graça de 1502. Nesse momento, a região ficou demarcada como "Rio de Janeiro", confundida com a foz de um grande rio. Os portugueses realizaram expedições para identificar lugares que pudessem conter potencial lucrativo, mas pouco fizeram além de algumas incursões pela costa brasileira até 1534, com o surgimento das Capitanias Hereditárias.

A ausência portuguesa nas primeiras três décadas do século XVI abriu espaço para diversos outros povos aportarem na região e travarem contato, pacífico ou não, com os indígenas. Inicialmente em busca do pau-brasil, todos desejavam conhecer as riquezas do território, em especial metais preciosos. Nos anos 40 desse século, a situação não melhorou muito. Mesmo com a criação das capitanias, estrangeiros continuavam a fazer seus negócios com indígenas. Franceses ocuparam o povoado de Cabo Frio e a região de Araruama. Navios lusitanos eram constantemente atacados por piratas franceses, ingleses, normandos e holandeses.

Cartas chegavam a Portugal em 1548 pedindo ajuda por conta dos constantes ataques franceses às naus portuguesas. Bretões e Normandos também começaram a aportar, negociando produtos diversos com os indígenas. Os franceses, cada vez mais confiantes, estendiam suas paradas na região, pouco protegida pelos portugueses. Na década de 50, Tomé de Souza, em carta ao Rei, sugeriu que fosse criada uma povoação honrada e boa, mas armada, dada a grande presença de franceses, além de outros povos, na região do Rio de Janeiro. Nesse período, a inércia portuguesa abriu espaço para a corrida dos franceses ao belo local recém-descoberto, o que deu margens para a criação da França Antártica.

A França Antártica foi a consolidação de um projeto de fundação de uma poderosa base militar naval de onde os franceses pudessem avançar no domínio do comércio com as Índias. Fizeram uso de sua geografia privilegiada para a tomada da região das mãos - descuidadas - dos portugueses. Aliados aos tamoios, os franceses deram início ao plano de dominação do interior da Baía de Guanabara. Nicolas Durand de Villegagnon fortificou a Ilha de Serigipe e providenciou alojamentos, armas, munições e ferramentas para os homens. O Forte Coligny, armado com cinco baterias de canhões, foi erguido em pouco tempo de trabalho de franceses e tamoios. A região da Baía de Guanabara, evitada pelos portugueses pela ferocidade dos nativos, agora era base de franceses.

A pressão contra Portugal era cada vez mais intensa, e este se vira obrigado a resistir aos franceses, que se espalharam pela região do Rio de Janeiro, quando das revoltas nativistas em outras capitanias. Tantos problemas atraíam a atenção dos guarda-costas portugueses, abrindo espaços cada vez maiores para os franceses se estabelecerem na região. Mas, se a região era penosa para os portugueses, ela era igualmente difícil para os colonos franceses, que para além de toda a problemática ligada à adaptação ao território, ainda precisavam conter disputas entre católicos e protestantes. Em 1560 teve início a campanha de Estácio de Sá. O ataque arrasador em 15 de março destruiu a fortificação francesa e forçou muitos destes a se esconderem nas matas, enquanto eram perseguidos pelas forças de Estácio. Entre os anos de 1565 e 1567, com a ameaça francesa já devidamente afastada, o primeiro lote da Capitania de São Vicente foi refundado como "Capitania Real do Rio de Janeiro", juntamente com a cidade de São Sebastião do Rio de Janeiro aos pés do Morro Cara de Cão.

O povoamento originalmente fundado em primeiro de março de 1565 por Estácio de Sá durou relativamente pouco tempo. Esse primeiro núcleo da cidade permaneceu apenas até o fim dos conflitos com os franceses e seus aliados tamoios, nas batalhas da Praia da Glória e na Ilha de Paranapuã. Assim que os franceses foram subjugados, construções novas começaram a ser erguidas no então Morro do Descanso. A estratégia era simples: buscar lugares que permitissem uma melhor defesa e um ponto de visualização estratégica tanto da cidade como da entrada da Baía de Guanabara. Com natureza comercial e guerreira, a cidade do Rio de Janeiro foi se expandindo gradativamente por toda a região do Morro do Descanso e da Várzea ao redor. A nova cidade de São Sebastião do Rio de Janeiro nasceu murada. Contava ainda com duas estruturas defensivas, a Bateria de São Tiago e o Forte de São Sebastião do Castelo. Também contava com sua primeira Casa da Câmara e a cadeia local, além da Casa do Governador. Finalmente, o Morro do Descanso passaria a ser conhecido como Morro do Castelo.

A CIDADE DE SÃO SEBASTIÃO DO RIO DE JANEIRO

O MORRO DO CASTELO

O Morro do Castelo é o lar do Colégio e Igreja dos Jesuítas e da Igreja de São Sebastião, a primeira Catedral da Cidade, lugar onde está o marco de pedra relativo à fundação da cidade, trazido do sopé do Morro Cara de Cão. Por causa do espaço limitado, apenas as famílias mais ricas possuem terrenos e casas neste morro. O morro também abriga diversas casas e armazéns que guardam os mantimentos e outros gêneros que são comercializados no ancoradouro. Aos pés do famoso morro existe o

O MORRO DO CASTELO

primeiro hospital da cidade, a Santa Casa de Misericórdia. Por conta do crescente fluxo de pessoas no Morro do Castelo, é necessário construir cada vez mais vias de transporte. Juntos com a Ladeira da Misericórdia, primeira via pública importante da cidade, o Caminho do Poço do Porteiro e a a Ladeira do Colégio também cortam a subida do morro.

A área do Morro do Castelo está repleta de pessoas, moradores e trabalhadores. Todo tipo de serviço - como hospedarias e pensões para alimentar e dar uma cama - já se encontram no morro.

> Lendário: algumas histórias são sussurradas durante a noite nas casas de bebidas da região dos morros do centro da cidade. Uma das lendas mais contadas é de que a escolha para a construção da cidade no Morro do Castelo não foi por acaso. Uma rede de túneis formada por cavernas naturais e que datam de eras atrás são utilizadas por jesuítas e pelos governantes para guardar suas riquezas e se comunicar de maneira sigilosa com outras áreas da cidade de São Sebastião. Aqueles que acreditam nessa lenda também acreditam que uma das entradas fica no interior do Colégio dos Jesuítas.

Fortaleza de São Sebastião do Castelo

Essa poderosa fortificação que se localiza no alto do Morro do Castelo ganhou o apelido de "Le fort de hault" (O forte do alto), por ter ajudado os colonizadores nos conflitos contra os invasores na região da Baía de Guanabara. Essa fortificação é considerada por muitos como um local de segurança absoluta por se localizar em um ponto elevado e ser cercada por muralhas de pedras e caiadas de branco. Protege a área da antiga praia do Cotovelo (ao final da Rua da Misericórdia). Ela é armada com três peças de artilharia e conta com um bom número de soldados, cerca de 60, que fazem a guarda do alto do morro, dos quais 30 são especialistas no uso de arcabuzes. Todos os soldados obedecem as instruções do Capitão-Mor da Guarda, Simão Santo. Ele está sempre a procura de mais homens para fortalecer a guarda.

SIMÃO SANTO (IDADE: 35). *Enérgico, Metódico e Franco*. Simão Santo é o Capitão da Guarda da Fortaleza de São Sebastião do Castelo. Mestiço, filho de português com uma nativa, Simão usa seu histórico entre dois povos para melhor dialogar com portugueses e nativos. Simão tem altura mediana, a pele num tom que não chega aos de seus antepassados brasileiros, mantém o cabelo curto e o rosto bem barbeado. Usa um tapa-olho, recordação dos conflitos com criaturas nas matas do Rio de Janeiro. É comum ver Simão usando seu gibão verde e amarelo e seu chapéu de abas largas para se proteger do calor da região.

Cartografia 1, Medicina de Campo 2, Natação 2, Armadilhas 2, Canoagem 2, Comida Silvestre 2, Folclore 1, Navegação terrestre 1, Armas de fogo 3, Armas de Golpe 2, Arqueria 2, Oratória 1, Artilharia 2, Militar 2, Administração 2, Engenharia 1, Português 1, Guarani 1, Tupi 1.

PEDRO GALO (IDADE: 42). *Inflexível, Solitário e Desconfiado*. Pedro Galo é o cozinheiro da Fortaleza de São Sebastião do Rio de Janeiro. Não por conta de sua grande habilidade e, sim, pelo fato de gostar do ofício, que o ajudou a sair do serviço da guarda na fortaleza. Alto e gordo, com apenas uns poucos fios finos e negros ao redor do cocuruto calvo, Pedro é dono de uma perna de pau, herança dos tempos em que enfrentou os indígenas e foi alvejado por uma flecha no joelho, que não foi tratado a tempo.

Canoagem 1, Comida silvestre 3, Medicina natural 1, Rastreamento 1, Armas de fogo 2, Armas de golpe 1, Barganha 2, Militar 1, Tanoaria 2, Culinária 1, Agricultura 2, Carpintaria 1, Contabilidade 1, Português 1, Latim 1, Tupi 1.

Casa da Câmara

A Casa da Câmara é a primeira câmara onde os homens e mulheres mais importantes propõem e requerem questões pertinentes à qualidade de vida da cidade ao governador. É uma casa não muito grande, guardada por um grupo pequeno de arcabuzeiros ali presentes apenas como guarda de honra, visto o pouco trabalho no local. A Casa da Câmara fica no final da Ladeira da Misericórdia, no Largo do Castelo, no alto do morro, de frente para a Casa do Governador.

Em seu interior, uma grande mesa retangular de madeira serve como a mesa onde os trabalhos da Câmara são feitos. Ainda que ela sirva mais para jantares fartamente acompanhados de vinhos nobres portugueses, essa mesa é um dos símbolos da política local, gerando inclusive o ditado de "sentar à mesa" como sinônimo para se resolver um problema.

Cadeia

A pequena cadeia instalada no Morro do Castelo não é uma construção das maiores. Contém quatro grandes celas e foi construída à base de taipa e pedra, assim como as muralhas. Apesar da aparente fragilidade, cumpre bem sua função.

Os presos locais são tratados de maneiras distintas. Um caso de embriaguez termina com uma noite no chão de pedra da cadeia, uma discussão com alguns dias e uma multa. Casos mais graves são tratados com igual severidade, dependendo do ânimo do Capitão-Mor.

Casa do Governador

A Casa do Governador é a melhor casa da região. Feita em dois andares, conta com cômodos amplos e arejados, diferente da grande maioria das casas populares. Caiada de branco, feita de pedra e óleo de baleia, a Casa do Governador fica próxima à Casa da Câmara, no largo do Castelo, na praça principal do morro. Ali, o governador recebe convidados especiais para conversas mais íntimas, longe dos ouvidos da vereança da Casa da Câmara.

O atual governador, Antônio Salema, é incentivador da cultura da cana-de-açúcar e inimigo ferrenho dos tamoios da região. Essa suntuosa construção era usada mais para reuniões, mas o governador Salema gosta de estar presente, talvez por receio de que a Câmara conspire contra ele. Essa é uma casa que guarda os segredos dos homens mais poderosos de toda a região.

ANTÔNIO SALEMA (IDADE: 40). *Autoritário, Arrogante e Determinado*. Salema nasceu na região do Alentejo e desde jovem foi direcionado para o direito. Ele se formou em Leis, no Colégio Real de São Paulo, em Coimbra, onde foi um dos melhores alunos. Por ordem de D. Sebastião, rei de Portugal, ocupou alguns cargos como Desembargador antes de chegar à cidade do Rio de Janeiro. Seu autoritarismo e arrogância não têm limites. Declarou-se inimigo dos nativos e dos franceses que ainda estivessem na região da capitania e prometeu guerra a todos.

Cartografia 1, Equitação 2, Natação 1, Armas de fogo 2, Esgrima 3, Oratória 2, Persuasão 2, Artilharia 1, Militar 2, Náutica 2, Poesia 1, Administração 2, Direito 3, Filosofia 2, Teologia 1, Português 3, Latim 2, Espanhol 2.

Colégio e Igreja dos Jesuítas

O Colégio dos Padres Jesuítas é o primeiro ambiente de ensino religioso na capitania pertencente aos padres jesuítas. Na ocasião da mudança do núcleo da cidade para o Morro do Castelo, Manuel da Nóbrega, então líder da primeira missão jesuítica, deu início às obras para o colégio. Esse espaço é voltado quase que exclusivamente para a catequese dos índios nativos que vivem nas proximidades da região. Ao lado do colégio existe a Igreja, onde acontecem os grandes ritos religiosos no morro. Outros membros importantes da Companhia de Jesus têm seus nomes ligados ao colégio, como os padres José de Anchieta e Gonçalo de Oliveira, sendo este último o atual reitor.

Além da catequese de indígenas, o colégio ainda conta com um grupo de quase 40 jovens estudantes sob a tutela do reitor de outros religiosos responsáveis por sua educação.

PADRE GONÇALO DE OLIVEIRA (IDADE: 41). *Corajoso, Generoso e Diplomático.* Gonçalo de Oliveira nasceu na região de Aveiro e chegou ao Brasil com 17 anos de idade. Foi companheiro do Padre Manuel da Nóbrega e de José de Anchieta e trabalhou com o primeiro até seu falecimento no Rio de Janeiro, em 1570. Atuava como capelão militar quando se tornou Superior do Colégio dos Jesuítas. Conhecedor profundo da cultura indígena, defende e prega a assistência a estes povos, o que aumenta a tensão nos debates com o governador Antônio Salema. Padre Gonçalo de Oliveira foi amigo pessoal de Estácio de Sá e estava presente no momento de sua morte em 1567, sendo o guardião de suas relíquias e bens. Tem altura mediana, pele clara e usa o cabelo tonsurado. Veste o famoso hábito dos jesuítas.

Medicina de campo 2, Folclore 2, Oratória 2, Militar 2, Filosofia 2, Humanidades 2, Teologia 2, Português 2, Latim 3, Tupi 1, Jê 1, Fé 3, Proteção contra o mal 1, Acontecimentos milagrosos 3, Pão de cada dia 2, Benção 2.

> Poderosos, influentes e adaptáveis às dificuldades das Terras do Brasil, os jesuítas são os soldados de Cristo e, como soldados, estão dispostos a lutar todas as batalhas que forem necessárias para alcançar seus objetivos. O Colégio dos Jesuítas é a base principal de atividades dessa poderosa ordem que começa a se espalhar por lugares aos quais outros homens ainda não tiveram acesso. Mesmo os sertanistas mais bravos tendem a ter um ou dois jesuítas em suas fileiras para abençoar seus homens e dialogar com os indígenas. Seja como for, os jesuítas fincaram suas sandálias rapidamente nas terras da Capitania do Rio de Janeiro.

Armazéns

Os armazéns são construções grandes que servem para guardar a produção escoada para outras capitanias, assim como produtos que chegam destas e de Portugal. Alimentos, grãos e carne, vinho, açúcar e aguardente, além de outros itens de valor são estocados nos armazéns até que tenham seus destinos definidos. Itens apreendidos de naus estrangeiras são trazidos para estes armazéns, que sempre se encontram protegidos por um grupo de arcabuzeiros, dia ou noite. Os armazéns se encontram na parte baixa do morro, na direção do porto primitivo próximo ao Morro do Castelo. Estas construções são vitais para a sobrevivência da população que começa a surgir na região.

Igreja de São Sebastião

Esse foi o primeiro templo religioso da Cidade de São Sebastião do Rio de Janeiro, que se assemelha em muito a uma fortaleza. Enquanto o Colégio é voltado para a educação dos padres, a Igreja de São Sebastião tem função religiosa e todos os dias são rezadas missas no local, sendo as missas mais concorridas as que ocorrem no domingo. Verdadeiro local de encontro das lideranças e da camada humilde, todos os tipos de pessoas se encontram na primeira Igreja do Morro do Castelo. Com duas torres sineiras, faz a vigília da costa.

Dizem os fiéis mais fervorosos que a pequena imagem de São Sebastião é milagrosa. As lendas começaram a se espalhar quando, na viagem em que foi trazida de Portugal, a tempestade que envolveria as embarcações se desfez quando um dos membros da nau N. Senhora da Penha começou a rezar para o futuro padroeiro da cidade. Desde então, a pequena imagem atrai uma legião de fiéis, inclusive de outras capitanias, que vem em busca de sua graça.

A igreja ainda não teve sua obra concluída; o atual governador, Antônio Salema, continua investindo parte de seu tempo e recursos da cidade para o fim dessa empreitada. Os trabalhos na Igreja de São Sebastião são liderados por Dom José Joaquim da Cunha Azeredo Coutinho, frade capuchinho. A Igreja de São Sebastião é também alvo de lendas e boatos, de galerias subterrâneas e de imagens em tamanho humano de apóstolos feitas em ouro; tudo isso devidamente negado por Dom José Joaquim, obviamente. É essa a igreja que rege o compasso dos sinos que definem os trabalhos do dia na cidade, sendo então seguida pelos sinos de outras igrejas e capelas da região.

Santa Casa de Misericórdia
Quando o núcleo do Rio de Janeiro foi transferido para o alto do Morro do Castelo, Estácio de Sá mandou construir a Santa Casa de Misericórdia, uma das necessidades da cidade nascente. É um barracão simples de sapê coberto de palma de coco, construído na orla marítima do Morro do Castelo. É o único hospital da região, ajudando os moradores, quaisquer que sejam. O próprio Padre José de Anchieta pode ser visto de tempos em tempos, quando passa pela região do Rio de Janeiro.

É liderada pelo "Capelão da Agonia", o Padre João Manuel, responsável por celebrar as missas assim como ministrar os sacramentos da comunhão, confissão e a extrema-unção para o bem-estar daqueles que encaminham sua alma. Para aqueles que buscam a saúde do corpo, estes são encaminhados aos cuidados da Irmã Maria, a mais antiga enfermeira da Santa Casa e certamente a mais antiga enfermeira do Rio de Janeiro ainda em atividade.

Ladeira da Misericórdia
Construída em 1567, em calçamento pé de moleque, a Ladeira da Misericórdia foi a primeira via pública da cidade de São Sebastião do Rio de Janeiro. No alto dela está situado o Largo do Castelo com o prédio do Colégio dos Padres Jesuítas, da Companhia de Jesus. A ladeira tem esse nome por conta da Santa Casa de Misericórdia, ainda que muitos moradores brinquem com a ideia de que o nome "Misericórdia" tenha relação com a subida, bastante íngreme.

Ladeira do Colégio
A segunda ladeira construída no Morro, a do Colégio, é uma das vias principais. Conecta a Várzea com o Colégio dos Jesuítas e a Fortaleza de São Sebastião do Castelo, o Forte do Alto que protege a cidade de possíveis invasores. Essa ladeira é bem menos inclinada do que a Ladeira da Misericórdia. Possui algumas estalagens onde é possível observar o comércio e as pessoas bebericando uma caneca de vinho enquanto trocam novidades sobre a cidade. O trânsito de soldados é constante nessa ladeira.

Caminho do Poço do Porteiro
Esse é o caminho por onde passavam os aguadeiros: carregadores ou condutores de carroça que traziam água em barris, diretamente do Rio Carioca até o alto do Morro do Castelo. O caminho, que era bastante utilizado, ganhou essa alcunha quando o porteiro da cidade, Mestre Vasco, encontrou água potável em suas terras, por volta de 1568, liberando o acesso ao uso de sua cisterna para a população do morro. Por conta da gratidão da população, não demorou muito para que o caminho ganhasse uma referência ao porteiro altruísta.

OUTROS PONTOS DA CIDADE

Com o crescimento da população na cidade de São Sebastião do Rio de Janeiro, os outros morros da região começaram a ser ocupados. Isso também aconteceu na Várzea e nas áreas alagadas, aterradas para, primeiramente, darem conta do cultivo da cana-de-açúcar.

Bateria de São Tiago
A Bateria de São Tiago foi a primeira estrutura defensiva construída pelos portugueses, na Praia de Santa Luiza, uma posição capaz de cruzar fogo com a Ilha de Sergipe, local onde os franceses tinham estabelecido seu Forte Coligny. Esta construção simples foi erguida em 1567, e o governador já cogita trocar por uma estrutura maior e mais permanente no lugar. Serve para a defesa do antigo ancoradouro da cidade. A bateria tem uma companhia com aproximadamente vinte soldados, sendo metade treinada no uso do arcabuz; os outros portam apenas espadas ou alabardas. Esses soldados estão sob as ordens do Capitão-Mor Cristóvão de Barros.

CRISTÓVÃO DE BARROS, CAPITÃO-MOR. (IDADE: 55). *Agressivo, Conquistador e Determinado.* Conhecido por muitos apenas por seu título, "O Capitão", foi companheiro de Estácio e Mem de Sá nos primeiros momentos da capitania, mas Cristóvão tem uma energia que o aproxima muito mais de Antônio Salema do que de seu antigo chefe. Cristóvão é belicoso e cruel. Enquanto Salema preocupa-se em como expandir o território, Cristóvão pensa apenas na possibilidade de conflito e nas lutas que podem surgir. Combateu em diferentes conflitos no Brasil, sempre tendo êxito em suas batalhas, antes de se tornar o 3º Capitão-Mor do Rio de Janeiro, em 1572. Foi o estrategista responsável pela primeira expedição contra os tamoios, aliados dos franceses. Também repeliu piratas ingleses na Capitania da Baía de Todos os Santos. Quando recebeu terras na região do Rio Magepê, aos pés do Morro da Piedade, expulsou e escravizou a população indígena local antes de instalar seu engenho. Se Salema é a mente ardilosa na Capitania Real do Rio de Janeiro, Cristóvão é o braço armado.

Cartografia 2, Equitação 2, Força física 1, Medicina de campo 2, Natação 2, Navegação Terrestre 2, Barganha 2, Persuasão 2, Artilharia 2, Militar 3, Náutica 3, Armas de corte 3, Armas de fogo 2, Armas de golpe 2, Administração 2, Comércio 1, Contabilidade 1, Português 2.

Morros

Nem só do Morro do Castelo vive a Cidade de São Sebastião do Rio de Janeiro. Três outros morros também formam o núcleo da cidade, onde moram famílias não tão abastadas, mas ainda detentoras de alguma influência local. Suas casas se espalham pelo alto dos morros, tornando esses muito diferente do Morro do Castelo, com todas as suas construções oficiais.

> Poucas décadas após a criação desse relato, estes morros seriam batizados com os nomes que os designariam por séculos. Em 1590, monges estabelecerem o Mosteiro de São Bento, que logo depois ficaria conhecido como **Morro de São Bento**. A construção de uma pequena capela no mesmo ano deu nome ao **Morro da Conceição**. O terceiro, o **Morro de Santo Antônio**, ganhou este nome por conta do Convento de Santo Antônio, estabelecido em 1608. Junto com o Morro do Castelo, estes morros formavam os quatro cantos que demarcavam os limites oficiais da cidade até o século XIX.

Muralhas da cidade

Essas muralhas não chegam perto das grandes muralhas dos castelos medievais. São feitas de diversos materiais: desde taipa e entulho a pedra e cal. O governador visa reforçar a estrutura com o passar do tempo, principalmente com as possibilidades iminentes de invasões.

As muralhas são sempre guardadas por ao menos dez soldados devidamente armados, a qualquer hora do dia. Vigiam e reparam as partes que cedem, seja pela péssima forma com que são construídas ou pelos ataques ocasionais. Participam destas tarefas dois dos soldados mais queridos pela guarda da cidade: os sarcásticos e inseparáveis Duarte e Luís.

SOLDADO DUARTE (IDADE: 24). *Sociável, Leal e Pessimista.* Duarte nasceu em Lisboa e veio para a colônia assim que se alistou. Arrependeu-se amargamente, sendo que um de seus maiores prazeres é reclamar da Capitania, seja do calor, seja dos perigos que cá existem. Duarte tem o cabelo aparado curto e uma volumosa barba. Sempre que está de serviço, usa seu colete simples, suas calças de algodão e seu capacete de ferro.

Corrida 2, Equitação 2, Força Física 1, Natação 3, Folclore 1, Navegação terrestre 1, Armas de corte 2, Armas de fogo 2, Armas de golpe 1, Armas de haste 1, Boxe 1, Militar 1, Marcenaria 2, Português 1, Tupi 1.

SOLDADO LUÍS (IDADE: 25). *Sociável, Tagarela e Risonho*. Luís também nasceu em Portugal e veio tentar a vida na colônia, mas não era bem o que esperava. De acordo com ele, a Capitania do Rio de Janeiro é o pior lugar do mundo para tentar ganhar a vida. É tão parecido com Duarte que muitos acreditam que são irmãos, mas Luís tem o cabelo mais comprido e um grosso bigode puxado nas pontas. Também usa calça de algodão, colete simples e capacete de ferro.

Equitação 1, Medicina de campo 2, Natação 1, Comida silvestre 2, Rastreamento 2, Artilharia 1, Militar 1, Armas de arremesso 2, Armas de corte 2, Armas de fogo 3, Sapataria 2, Português 1, Latim 1, Tupi 1.

> Duarte e Luís podem ser usados de modelo para as tropas na região da Capitania Real do Rio de Janeiro. O mediador pode substituir algumas habilidades para melhor inserir seus defensores dentro do contexto do jogo. Mesmo um soldado comum pode ter uma história interessante para gerar um novo gancho para suas aventuras. Ainda sobre a permanência de militares na região da Cidade de São Sebastião do Rio de Janeiro, o Morro do Castelo é um espaço bem guardado por estes que atuam no alto das ladeiras e das subidas, alguns pontos dos outros morros e em patrulhas ocasionais na Várzea. Existe um bom contingente destes na área central. Quanto mais distante do centro da cidade, menor o número de soldados para a defesa do território.

Várzea

A Várzea é a parte baixa da cidade, entre o Morro do Castelo e os outros morros importantes. A área da Várzea hospeda os colonos mais pobres, e é o lugar onde mais podemos ver a presença de colonos europeus e nativos convivendo em relativa tranquilidade. Mas também é essa área que acaba sofrendo as primeiras investidas quando nativos contrários à presença portuguesa atacam.

A região da Várzea é alagadiça, repleta de pequenos lagos e rios que desembocam na Baía de Guanabara, que, se por um lado, facilitam a obtenção de água doce e auxiliam o cultivo da cana-de-açúcar com a abundância de água, por outro, têm mais contato com criaturas sobrenaturais. Padres da Companhia de Jesus - e mesmo de outras ordens religiosas - vêm constantemente à região da Várzea para tentar purificar este território das forças negativas que possam estar enterradas no solo.

Existem nesta região estalagens, pensões e locais de entretenimento, seja com bebida, com jogos de baralho ou outras opções. Há um largo onde comerciantes sobem os morros para vender seus produtos.

O COMÉRCIO

As águas da Guanabara, dos incontáveis rios, lagos e litoral, dão boa pesca. As matas dão boa caça, mas, para manter o povo alimentado e satisfeito, é necessário cada vez mais comida. Com a abertura das primeiras vias calçadas na cidade, as pessoas começaram a se deslocar mais facilmente, fosse a pé, a cavalo ou no carro de boi, para visitar as igrejas no domingo ou caminhar até o Paço, no alto do Morro do Castelo ou ao Mercado de Peixe, na beira do cais, para comprar ou vender sua pequena produção.

Na Várzea, há áreas que abrigam comércio temporário, como as feiras, onde a diversidade de gêneros alimentícios é comercializada livremente. Esse movimento acabou por agilizar o desenvolvimento do comércio formal em outros pontos da cidade. Vendas de "secos e molhados" e estalagens surgem em qualquer pequeno povoado que nasce. Frutas, legumes, cereais, derivados da cana-de-açúcar, pequenas oficinas vendendo ferramentas, utensílios ou serviços surgem por todo lado.

Numa cidade tão especial como a do Rio de Janeiro, pode-se esperar muito mais quando o assunto são os mistérios que a cercam. Escondidos do olhar sobranceiro dos religiosos, serviços especiais como poções e elixires, a arte da adivinhação e da leitura da sorte, balangandãs e itens mágicos, enriquecem alguns poucos aventureiros em troca da miséria de muitos.

> A maioria dos itens comuns encontrados em *A Bandeira do Elefante e da Arara - Livro de Interpretação de Papéis* pode ser encontrada no comércio da Cidade de São Sebastião do Rio de Janeiro, por preços compatíveis com a tabela de preços deste livro.

A BAÍA DE GUANABARA

A Guanabara, citada por Fernão Cardim como a "tela pintada pelo supremo arquiteto", e confundida com a foz de um grande rio, é na verdade uma baía, provedora de vida e prosperidade em todo entorno. É uma área repleta de criaturas incríveis como botos e baleias, que costumam frequentar a região no período do acasalamento, assim como cavalos-marinhos e as temíveis sereias, cujas canções já encantaram muitos homens que nunca mais foram vistos.

> A partir da expulsão dos franceses na década de 60 do século XVI, começam a ser divididas sesmarias e consequentemente serem fundados os primeiros povoamentos em áreas que até então pertenciam às tribos indígenas. Aldeias indígenas ainda se encontram próximas de algumas dessas áreas. Durante os jogos, os mediadores têm total liberdade para criar novas sesmarias e pontos de onde as aventuras podem se desdobrar. Mas, se o mediador optar por fazer uso de regiões históricas, o uso de informações históricas mais acertadas, como os nomes dos primeiros sesmeiros, pontos de interesse, aldeias indígenas etc., valorizam uma maior imersão na narrativa, assim como fortalece o processo de aprendizado.

AO REDOR DA CIDADE

O território ao redor da cidade encontra-se repleto de fazendas, engenhos, aldeias e uma natureza exuberante. Alguns locais de importância merecem destaque.

Ilha do Governador

Esta ilha já foi chamada de "Ilha de Paranapuã", que significa "Colina do Mar", e também de "Ilha dos Maracajás", por conta de um felino caçador de cauda longa e pelo amarelo-escuro que habita a região em abundância. Os tamoios também costumavam chamar os temiminós de maracajás, visto que a ilha também era lar desses nativos. A ilha foi abandonada pelos temiminós por conta dos constantes ataques de franceses buscando pau-brasil e de seus aliados tamoios e, em fins do século XVI, pelos ataques dos portugueses. Pelos idos de 1555, foi cenário do Entrincheiramento de Paranapuã, quando portugueses liderados por Mem de Sá resolveram atacar a ilha e destruíram as cinco grandes aldeias, expulsando assim os tamoios que lá cortavam o pau-brasil nativo e o repassavam para os franceses.

A ilha começou a ser chamada pelo nome atual, Ilha do Governador, quando Salvador Correia de Sá, dono de metade do seu território, virou governador da capitania. A família Sá utiliza a ilha principalmente para a produção de cana-de-açúcar.

Lugares Abandonados

A Feitoria do Rio de Janeiro foi a primeira na região da Baía de Guanabara. Foi erguida na ocasião da expedição de 1503 e utilizada posteriormente para explorar o comércio de pau-brasil na região. No início, era uma simples paliçada de madeira com alguns casebres de taipa cobertos de palha. Continha alguns roçados para a subsistência dos trabalhadores da feitoria. A partir de 1517, essa feitoria acabou perdendo força e relevância; em 1519, o navegador português Fernão de Magalhães e seu escrivão, o geógrafo italiano Antonio Pigafetta, encontraram essa feitoria abandonada.

Próxima da feitoria do Rio de Janeiro se encontra a Casa-Forte de Martim Afonso de Souza, erguida por ordem deste em 1531. Essa construção de pedra e cal foi chamada de fortim e, posteriormente, de casa-forte, por não ser tão grande quanto um forte. A casa-forte foi construída para proteger uma retomada das atividades da Feitoria do Rio de Janeiro, que nunca aconteceu. Mesmo com as obras concluídas, os problemas com nativos e criaturas fantásticas forçaram seu posterior abandono. Essa casa-forte seria um espaço adequado para que aproximadamente 20 soldados a habitassem e protegessem a região na exploração da madeira nativa.

Hoje em dia, a região é evitada a todo custo pelos viajantes. Uns citam sons esquisitos, outros afirmam ver sombras estranhas se ocultando nas construções abandonadas. Evitar a região da Feitoria do Rio de Janeiro e da Casa-Forte é uma necessidade.

AS BANDAS D'ALÉM

Todas as terras localizadas de frente para a cidade de São Sebastião do Rio de Janeiro, do outro lado da Baía de Guanabara, são conhecidas como as Bandas d'Além. Pelo litoral, estas terras se estendem desde a foz do Rio Guaxindiba até a oceânica Ponta Negra, em Maricá, limite do termo do Rio de Janeiro na direção da Feitoria de Cabo Frio. Seguindo pelo interior,

A CAPITANIA REAL DO RIO DE JANEIRO

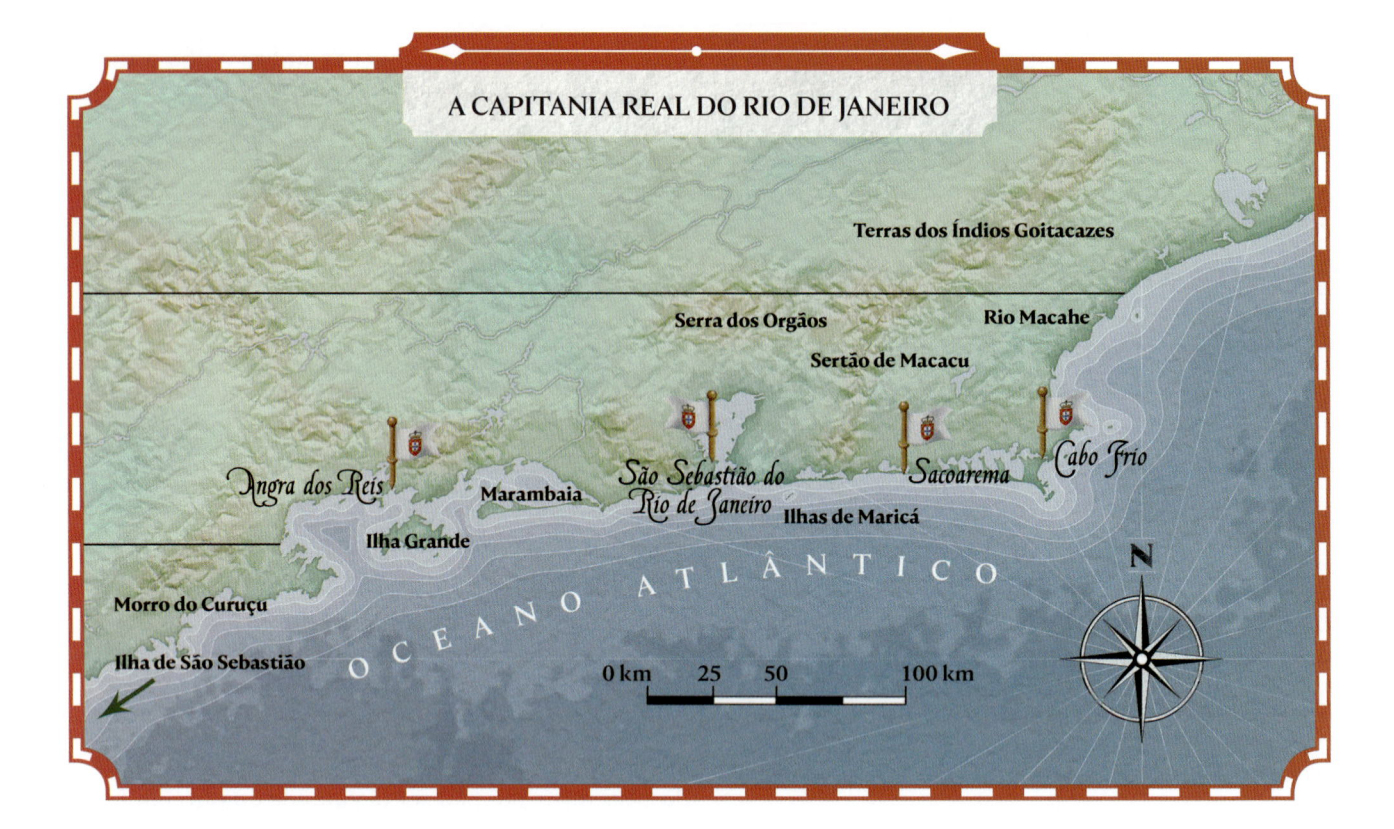

vão pelo Vale do Guaxindiba até o lugar conhecido como Ipiíba. Alguns consideram que essa região vai ainda mais além, rumo aos sertões na direção do Vale do Macacu e do fundo da baía, na região do rio Magepe. Essa região começa a se desenvolver com a concessão das sesmarias aos colonos portugueses. É constantemente visitada por franceses e outros grupos.

Vila de São Lourenço dos Índios

O território das Bandas d'Além era habitado apenas por tribos indígenas e pelas criaturas fantásticas que viviam em meio à mata ainda virgem. Para manter a Baía de Guanabara, os portugueses precisavam espalhar sua dominação para o outro lado da baía. Em 1573, os portugueses premiaram o cacique Arariboia, o Cobra Feroz, com uma sesmaria nas Bandas d'Além, para que este transferisse a sua tribo de temiminós para o outro lado da baía.

A região ocupada se tornou a Vila de São Lourenço dos Índios. Este povoado já está atraindo a vinda de mais indígenas para as Bandas d'Além, e também dos colonos portugueses que desbravam o território para conquistar sesmarias na região. Estes últimos já fundaram fazendas desde Icaraí até Itaipu. Outro grupo que não tardou a chegar foi o de padres da Companhia de Jesus, que já fundaram uma capela com sino de bronze na região da vila, a qual preferem chamar de "Aldeamento de São Lourenço".

ARARIBOIA (IDADE: 65). *Audaz, Corajoso e Paciente.* Arariboia é o líder da Vila de São Lourenço dos Índios. Quando está na Corte se veste como os brancos, prende os longos cabelos, hoje grisalhos, e responde por seu nome cristão de Martim Afonso de Souza, mas, quando volta para as Bandas d'Além, ele é Cobra Feroz, filho de Maracajá-Guaçu, e retoma seus hábitos indígenas. A conversão foi um processo político, não de fé, e Arariboia sempre usa isso a seu favor.

Força física 1, Natação 2, Armadilhas 2, Canoagem 2, Comida silvestre 2, Escalada 2, Folclore 3, Barganha 2, Oratória 3, Persuasão 3, Armas de Arremesso 2, Armas de Corte 1, Armas de fogo 1, Arqueria 3, Instrumento de Embocadura 1, Agricultura 1, Português 1, Latim 1, Tupi 1, Guarani 1, Goitacá 1.

> Aldeamentos: esta iniciativa política da Capitania se estabeleceu na segunda metade do século XVI por influência direta dos jesuítas, sob a liderança do Padre Manuel da Nóbrega. Continham basicamente dois elementos: o ideal missionário, de levar a palavra da Igreja Católica; e catequizar, trazendo essas almas para a cristandade. No começo, as atividades jesuíticas de catequização eram itinerantes. Gradativamente perceberam que seria mais ágil se os índios estivessem aldeados, visto que seria, inclusive, mais seguro para os jesuítas, que iriam da mata repleta de perigos naturais e mágicos para um local seguro, fosse pela fé ou pela presença de soldados com espadas e arcabuzes, ou de nativos que formavam uma tropa flecheira.

ALÉM DA BAÍA

A Capitania Real do Rio de Janeiro não é uma das maiores que foram delimitadas, mas possui grande potencial. Ela foi parcamente explorada até a sua refundação, evento que atraiu um sem-número de aventureiros e exploradores. Regiões demarcadas em mapas com a descrição "Aqui há pau-vermelho" indicam a existência de grandes áreas para a exploração da cobiçada madeira de pau-brasil. Rios largos como o Guaxindiba e o Inhomirim indicam áreas por onde exploradores tentam subir para o interior das terras a fim de localizarem novas riquezas a serem exploradas, em especial o ouro de aluvião.

AS ÁGUAS

É impossível falar dessa Capitania sem falar de suas águas. Com um litoral extenso, a Capitania do Rio de Janeiro tem um rico potencial marítimo a ser explorado. São as verdadeiras vias de comércio e transporte.

O Oceano Atlântico é seu principal referencial; tudo está voltado para ele, sejam as notícias, o transporte e o comércio, bem como os invasores que vêm da França e da Inglaterra.

Também devemos destacar a importância dos diversos rios na região. Alguns caudalosos, bastante disputados para a construção de engenhos, que aproveitam a força dessas águas, enquanto outros mais mansos servem apenas para fornecer água doce aos moradores de uma determinada área. Ainda em tempo, devemos citar o grande número de lagos, lagoas e mangues. Onde existe água, costuma existir povoamento e pessoas dispostas a defender essa água. A Capitania Real do Rio de Janeiro é uma terra de rios e isso se tornou um símbolo do progresso da região.

AS SERRAS

Tão imponente quanto a visão da baía de Guanabara e toda a sua vida pulsante, caminhar em direção ao interior permite aos sertanistas ver as serras da Capitania do Rio de Janeiro ascendendo aos céus, e isso pode ser algo assombroso. Enormes barreiras naturais para o interior do território, as serras são um misto de milagre com desventura, derrotando centenas de aventureiros que buscam a sorte além destas. Criaturas fantásticas e sobrenaturais são vistas sobrevoando os cumes dos morros e o alto das serras.

Na região próxima da cidade de São Sebastião do Rio de Janeiro existe a Serra da Carioca, encabeçada pelo Bico do Papagaio, lar de indígenas fugindo do avanço europeu. Em direção ao fundo da Baía de Guanabara, podemos ver a Serra dos Órgãos. Nessa região houve uma tentativa de criação de aldeamento em homenagem a São Pedro, mas o Colégio dos Jesuítas parou de receber notícias e aventureiros estão sendo enviados para averiguar o local. Ao Sul, existe a Serra das Araras, região repleta de animais desse tipo, assim como de indígenas acostumados a habitar a região. As Serras dos Órgãos e das Araras fazem parte do maciço serrano denominado de Serra do Mar, que se estende por grande parte da região mais próxima do litoral de diversas capitanias - Real do Rio de Janeiro, Santo Amaro, São Vicente e Santana. No centro da capitania ainda merece destaque a Serra de Patis, além do Sertão do Macacu.

Uma das lendas mais corriqueiras entre os sertanistas é a existência de um enorme cume que, ao pôr do sol, brilha em mil tons e cores diferentes. Essa serra misteriosa seria o maior depósito de esmeraldas já visto no mundo. Nativos indicam essa serra em outras capitanias: Espírito Santo ou São Tomé. A grande verdade é que sertanistas de todos os cantos têm buscado a Capitania Real do Rio de Janeiro para dar início às buscas dessa magnífica serra, muitos dos quais nunca voltaram.

CABO FRIO E O LITORAL LESTE DA CAPITANIA

As terras que vão da divisa da Capitania de S. Tomé, vizinha ao norte, até as terras mais ao sul, são repletas de informações importantes. Toda a região ao redor da área de Cabo Frio é extremamente fértil, o que justificou a presença e a resistência dos franceses na região, além da grande extração de pau-brasil, que tende a encher cada vez mais os cofres da coroa francesa. Essa terra é o lar dos índios goitacazes e papanazes, que mesmo sendo rivais históricos, agora aliam-se contra a presença dos franceses. Há outros povos com os quais fazem negócios, e os tamoios, aliados dos franceses e invasores dos territórios desses povos, desde a criação da Vila de São Carlos; ou, apenas, *Saint Charles*.

A região possui algumas ilhas em seu litoral, não muito grandes e nem mesmo muito distantes, além de possuir alguns portos. Duas léguas ao norte existe a Baía Formosa, chamada de *Belle Baie* pelos franceses. Logo depois dessa baía é possível se deparar com a Feitoria da Casa de Pedra, *Maison de Pierre*, que um dia fora dos portugueses, mas que agora se encontra fortificada pelos franceses. Do alto da área onde está localizada, a feitoria consegue proteger a entrada de barcos na baía e a própria Vila de São Carlos, habitada por um grande número de franceses. A vila cresce consideravelmente, fruto do comércio intenso dos franceses com outros povos que vêm atrás de pau-brasil e itens da colônia sem ter de se aventurar pelas matas. Na boca da baía existe uma pequena ilha, local onde os navios de outras bandeiras atracam. Apenas navios franceses atracam no interior da *Formosa*, num pequeno rio com 15 braças de fundura, entre a vila e a feitoria.

Maison de Pierre

O que começou como uma simples feitoria portuguesa nas mãos de um certo João, na região de Cabo Frio, tornou-se um ponto de resistência francesa. Os portugueses perderam o controle da região e, mesmo depois do fim da França Antártica, a resistência francesa na região permaneceu. Liderada por Guy de Coullons, que na ocasião declarou-se o novo governador da França Antártica. Expulso, conseguiu fugir e se restabelecer na região de Cabo Frio, criando um porto forte na região da *Belle Baie*, a Baía Formosa, na região de Araruama, de onde os franceses saem para ataques por toda a região da Capitania Real do Rio de Janeiro como também de outras, como São Tomé e Espírito Santo. A Maison de Pierre conta com um grande número de soldados armados com espadas e pistolas ou arcabuzes. No início, a intenção era aproveitar o pau-brasil, o item mais importante de exploração. Com o fortalecimento da região, saques também tornaram-se relevantes para reforçar os cofres franceses para novas incursões e na luta contra os portugueses.

GUY DE COULLONS (IDADE: 40). *Arrogante, Desleal e Volúvel*. Guy é robusto e alto, possui um bigode fino e um cavanhaque comprido que destacam seu rosto alongado. Fala um bom português, ainda que com um sotaque carregado de seu idioma nativo, buscando acentuar suas frases com expressões francesas. Costuma usar itens de primeira linha, suas roupas e chapéus são sempre de ótima qualidade, espadas e pistolas dos melhores armeiros. Guy é de origem nobre e Cavaleiro de Malta. Acredita profundamente na superioridade dos franceses sobre os outros povos, principalmente sobre os portugueses, a quem chama de escória, e sobre os nativos, a quem chama de selvagens. Sempre tenta demonstrar seu refinamento, ainda que seu temperamento irascível apareça facilmente quando desafiado ou contrariado. Recentemente, Guy de Coullons se envolveu em um contratempo na Cidade de São Sebastião do Rio de Janeiro, foi preso, mas posteriormente resgatado, arranhando um pouco (mais) sua imagem para com seus subordinados.

Cartografia 2, Prestidigitação 1, Equitação 3, Armas de fogo 2, Armas de haste 2, Barganha 1, Oratória 2, Esgrima 3, Artilharia 2, Militar 2, Pintura 2, Administração 2, Direito 2, Filosofia 1, Português 1, Latim 2, Francês 3.

TENENTE NICOLAS (IDADE: 29). *Prudente, Disciplinado e Compassivo*. O homem de confiança de Guy, ainda que não tenha tanta confiança assim, é seu oposto. Nicolas nem mesmo gosta de conflitos, mas, filho de um membro da baixa nobreza francesa, viu no militarismo uma chance de ascender politicamente o nome da família. Nicolas é sensato e prudente, características que Guy considera covardia. Por sua patente e família, Nicolas é o imediato responsável pela Vila de São Carlos, nas proximidades da Maison de Pierre.

Corrida 1, Equitação 2, Medicina de campo 1, Armas de fogo 3, Armas mecânicas 1, Esgrima 2, Boxe 1, Artilharia 1, Militar 2, Náutica 2, Barbearia-Cirurgia 1, Astronomia 1, Português 1, Latim 2, Francês 2.

ENTRE CABO FRIO E A BAÍA DE GUANABARA

A região entre a Baía de Guanabara e Cabo Frio é habitada principalmente por nativos e criaturas, mas o Governador Salema estende cada vez mais a presença portuguesa na região através da doação de sesmarias.

Sacoarema

A região que ainda funciona como um belo porto natural é povoada por uma grande tribo de tamoios. É liderada pelos descendentes do chefe Sapuguaçu, que foi chefe na ocasião da chegada dos portugueses em 1531. Essa aldeia é repleta de casas de sapê, e não de ocas, como se costuma ver em outras regiões. Os tamoios aqui fazem comércio com os franceses na Vila de São Carlos e na Casa de Pedra, e também fazem comércio com os portugueses. Por serem historicamente aliados dos franceses, acabam por atrair a atenção especial do Governador-Geral Antônio Salema. Costumam ser identificados pelos adornos na cabeça de penas brancas e pretas, retiradas da ave Socó, que dá origem ao nome da região: lagoa dos Socós, a "Socó-rema".

Ilhas de Maricá

As ilhas de Maricá são um agrupamento de cinco ilhas, sendo a principal a Ilha Maricá, no litoral da região do mesmo nome. Dessas ilhas saem barcos de algumas praias. Sua formação geográfica é belíssima, e sua extensão, de quase 1 légua (5,5 quilômetros), possui uma vegetação rasteira e algumas poucas árvores frutíferas. A ilha é cercada de rochas, dificultando a entrada daqueles que não conhecem a região. Essa ilha, por sua formação, já foi muito utilizada como refúgio por náufragos de diferentes nações, que acabaram sendo expulsos pelos primeiros sesmeiros que colonizaram a região de Maricá: Antônio de Mariz, Manuel Teixeira e Duarte Martins Mourão. Estes possuem terras desde a Praia de Itaipuaçu até a Lagoa de Maricá.

Distâncias (a pé):

- Cabo Frio – Sacoareama: 12 léguas;
- Sacoarema – Lagoa de Maricá: 8 léguas;
- Lagoa de Maricá – Rio de Janeiro (cercando a baía): 23 léguas.

Distâncias (por mar):

- Cabo Frio – Sacoareama: 12 léguas marítimas;
- Sacoarema – Lagoa de Maricá: 6 léguas marítimas;
- Lagoa de Maricá – Rio de Janeiro: 6,5 léguas marítima.

DA CIDADE ATÉ A ILHA DE SÃO SEBASTIÃO

Cruzando a região da Cidade do Rio de Janeiro, em direção ao sul da Capitania de São Vicente e à Barra de Guaratiba, é uma longa caminhada de dez léguas, onde se abre numa bela enseada de frente à Ilha de Marambaia, esta com oito léguas de comprimento. A ilha tem terra muito boa, cheia de arvoredos e água para engenhos. Nesse litoral existe um sem-número de pequenas vilas que surgiram por conta da entrega de algumas sesmarias na região; tais lugarejos se espalharam pela costa e por uma área não muito maior que duas léguas do litoral, por conta da quantidade de nativos e de criaturas que costumam atacar os incautos. O litoral sul conta com algumas ilhas e portos até chegar à barra de São Vicente, limite da Capitania de Santo Amaro. Toda essa região sul da Capitania Real do Rio de Janeiro é repleta de tribos de tamoios até chegar na região de Angra dos Reis. Por conta das guerras e conflitos com o governo português, muitas aldeias começaram a migrar para o sertão. Existem alguns pontos importantes a serem destacados:

Angra dos Reis

O povoado surgido em 1556, fundado pelos filhos do Capitão-Mor Antônio de Oliveira, vem prosperando nos últimos anos. A região protegida pela natureza, cercada de morros por todos os lados e com um litoral paradisíaco repleto de ilhas, dificulta a entrada de navios de outras bandeiras. A região teve a passagem de algumas expedições colonizadoras nos seus primeiros anos, o que fez com que afastasse a presença de franceses. Outro ponto que favorece a segurança do povoado de Angra dos Reis é a proximidade com as terras da Capitania de Santo Amaro, que mesmo sendo uma das menos prósperas capitanias, tem vigilância constante da Capitania de São Vicente.

Ilha do Prumirim

Chegando à Ilha do Prumirim, já estamos no território da Capitania de Santo Amaro. Por causa do desleixo do seu proprietário, porém, esta capitania encontra-se quase abandonada e sob o domínio das capitanias vizinhas: Rio de Janeiro e São Vicente.

Essa pequena ilha tem uma natureza exuberante e é considerada um paraíso escondido na região que vai na direção da capitania de São Vicente. A região é praticamente inexplorada, tendo apenas um pequeno porto desabitado pela falta de água potável na ilha. Esse porto é utilizado apenas em situações de emergência nas naus que passam pela região.

Morro do Curuçu

Esse morro é habitado por tupinambás da região. Uma de suas características mais importantes é que, de tempos em tempos, existem relatos da aparição da Mãe do Ouro, uma grande bola de fogo que atravessa o céu sobre o morro. Os indígenas dizem que a Mãe do Ouro indica a existência de algum tipo de tesouro na região.

Ilha de São Sebastião

Indo mais para o sul, chegamos finalmente à grande ilha que marca o começo da Capitania de São Vicente, uma das mais antigas e mais povoadas da colônia.

Chamada pelos indígenas tupis de Maembipe (Lugar de Troca - inclusive de prisioneiros, nas guerras entre diferentes tribos), essa ilha foi batizada de Ilha de São Sebastião na ocasião da expedição comandada pelo navegador Gonçalo Coelho, em 1502. A região ainda é repleta de aldeias indígenas tupis, que hoje em dia preferem se referir à ilha como Ciribaí (Lugar tranquilo). Os portugueses se fazem presentes com alguns núcleos povoadores iniciados com a chegada do português Francisco de Escobar Ortiz. Não é incomum a passagem de navios ingleses na região, que costumam parar nas águas dessa ilha.

Distâncias (a pé):

- Rio de Janeiro - Angra dos Reis: 31 léguas;
- Angra dos Reis – Morro de Curuçu: 28 léguas;
- Morro de Curuçu – São Sebastião: 14 léguas.

Distâncias (por mar):

- Rio de Janeiro - Angra dos Reis: 23 léguas marítimas;
- Angra dos Reis – Ilha do Prumirim: 15 léguas marítimas;
- Ilha do Prumirim - Morro de Curuçu: 2,5 léguas marítimas;
- Morro de Curuçu – Ilha de São Sebastião: 10,5 léguas marítimas.

Esses marcos, ainda que históricos, não devem limitar seus jogos. São apenas referências para enriquecer as sessões de jogo. Outros portos podem existir, assim como outros povoamentos. Baseie tais informações em fatos históricos, lendas, folclore local e verá o cenário onde narra crescer e ganhar vida. A principal parte de qualquer sessão de um jogo narrativo é o poder de criação que surge entre o mediador e os participantes. Use isso sempre a seu favor e terá ótimos jogos.

Dessa forma, concluo minhas notas primárias sobre a nascente Capitania do Rio de Janeiro. Aguardo que a boa fortuna sirva a aqueles que fizerem uso deste meu breve tratado: um pouco de história, de costumes e de política que começa a surgir entre os povos nesta terra. Alguém instruído é alguém que conhece os obstáculos à frente. Eis a razão da criação deste livro com votos finais de paz e serenidade a todos.

Ano do Senhor de 1576. - Padre Lucídio Vaz

Das lembranças de Inaiê, por volta do ano de 1575.

Eu e Iberê havíamos entrado na caverna depois dos berros de Fernão, que gritava repetidamente de modo alegre, de forma que não nos preocupamos com o caminho. Uma gruta profunda, úmida e abafada. Quando nos encontramos, James estava sentado sobre uma pedra, apoiado em seu rifle, aparentemente ferido no ombro e Fernão com as mãos cheias de pequenas pedras coloridas e pedras amarelas. Sua alegria era tamanha que não percebeu o amigo ferido.

Senti um estremecer em meu corpo, como se aquilo não fosse lógico ou possível. Naquele canto dessa gruta esquecida, uma velha feiticeira vivia há muitas décadas, talvez tivesse recolhido tamanha riqueza para si durante esse tempo. Ajudei James a se recuperar da profunda ferida no ombro, um dos poucos momentos que não o vi zombar ou fazer uma brincadeira. Ele me agradeceu e, olhando para Fernão me disse calmamente: "Vá e acabe com o sonho dele."

Caminhei e senti que nas mãos de Fernão existia magia. Tão feliz que não se continha. Quando coloquei minhas mãos sobre as mãos repletas de gemas e pepitas de Fernão, pedi aos antigos espíritos que abrissem os olhos de Fernão para a realidade. Ali era tudo magia. Em suas mãos, gemas se tornaram pedras, as pepitas de uma luz tão dourada quanto o sol se tornaram ouro dos tolos, Fernão estava enfeitiçado pelo poder da velha feiticeira que morava ali. Quando percebeu o poder da magia, todas as gemas e pepitas caíram de suas mãos e um imenso silêncio nos envolveu, possivelmente motivado pela vergonha de Fernão em ter sido enganado.

Uma risada rasgou o silêncio. Era Iberê quebrando a lisura daquele instante para logo depois Fernão também começar a rir até chorar de tanto gargalhar. Fora enganado em seus sonhos de riqueza e poder. Fernão era bom a ponto de reconhecer seus erros e, ao lado de Iberê, ajudou James a sair da gruta, enquanto reclamava da ferida profunda. Olhei para trás um último instante: aquelas pedras e ouro de tolo no chão, que por um momento enganaram Fernão. - Não parece melhor? Fernão. Quantos outros já foram enganados? Quantos mais serão enganados? Essas terras contêm uma variedade infinita de riquezas para todos que aqui habitam... Só não sabemos onde procurar ainda.

MAIS INFORMAÇÕES SOBRE O BRASIL SEISCENTISTA

Este capítulo contém regras e informações novas, além daquelas apresentadas no livro *A Bandeira do Elefante e da Arara: Livro de Interpretação de Papéis* que mediadores podem aplicar nas suas sessões.

POVOAMENTOS

ALDEIAS

Aldeia era como os portugueses chamavam o local dos povoamentos indígenas. Estas eram compostas, de modo geral, por 300 a 1000 membros, que viviam em habitações coletivas conhecidas como ocas ou malocas, onde se realizavam reuniões comunitárias, celebrações, rituais religiosos, nascimentos e outras situações cotidianas para tais povos. Pero de Magalhães Gândavo destacou como era a vida no interior desses espaços: *"Em cada casa destas vivem todos muito conformes, sem haver nunca entre eles nenhumas diferenças: antes são todos amigos uns dos outros, que o que é de um é todos, e sempre de qualquer coisa que um coma, por pequena que seja, todos os circunstantes hão de participar dela"*. As tribos viviam da pesca, da caça, da coleta e de alguma atividade agrícola. Buscavam a comunhão com criaturas fantásticas, desde que essas fossem protetoras da mata, assim como mantinham estado de guerra com outras, de natureza opressora ou destruidora.

FEITORIAS

A primeira construção erguida no continente foi uma feitoria. Essas eram construções erigidas em determinados pontos da capitania com a função de proteger a região e facilitar a extração e o carregamento do pau-brasil. Ainda que a maioria dessas construções fosse de origem portuguesa, franceses também construíram feitorias em outras partes do litoral, enquanto a região esteve abandonada. Eram compostas por um número entre 15 a 25 homens, armados de arcabuzes e espadas, além de alguns canhões e liderados por um feitor; o trabalho pesado era feito por indígenas escravizados. Feitorias costumavam ser atacadas por tribos nativas e criaturas das matas próximas, em busca da defesa de seu território, o que tornava esse trabalho ainda mais perigoso.

SESMARIAS

O processo de sesmarias começou em 1534 no Brasil, mas este sistema só se acelerou a partir de 1548, com o regimento de Tomé de Souza, quando a distribuição das terras ficou a cargo do governador da capitania. Sesmarias começaram a ser doadas na região da baía de Guanabara a partir de 1565, e se espalharam por ambos os lados. Para a região dos sertões do Rio Macacu, em 1567 já se encontravam sesmarias importantes que levaram ao povoamento (e a confrontos diversos) nesta região. Seja na direção de São Vicente, ao sul, ou de Cabo Frio, ao norte, as terras concedidas pelo sistema sesmarial se espalhavam abertamente onde houvesse a chance de enriquecer a Coroa.

Personagens dos participantes podem se tornar sesmeiros. Visto que suas intervenções podem chamar a atenção dos poderosos na Capitania e, a necessidade constante de pessoas suficientemente fortes para lutar contra os mistérios dessa terra, tal "graça" poderia ser alcançada pelos personagens. Mas mesmo que receber uma sesmaria seja bom para o personagem, mantê-la (bem como os bons olhos desses nomes importantes da região) é algo completamente diferente. Existe um conjunto de regras para isso:

1. As sesmarias não eram terras necessariamente preparadas para o uso. Criaturas fantásticas, aldeias indígenas, questões geográficas, entre outras, poderiam ser problemas para aqueles que recebessem tais terras;

2. O novo dono das terras, agora chamado de sesmeiro, deveria residir na cidade de São Sebastião ou no termo da jurisdição por pelo menos três anos;

3. Durante três anos não poderia vender ou passar adiante tais terras sem licença do Capitão-Mor ou do próprio Governador;

4. O sesmeiro deveria "lavrar e aproveitar" as terras nesse tempo, já devendo ter feito algum proveito ao final do primeiro ano. Simplesmente, dar lucro aos cofres da Coroa;

5. Se a terra não fosse aproveitada em três anos, ela seria considerada devoluta, e repassada a outro proprietário;

6. Depois de três anos de trabalhos e benfeitorias, o proprietário estava liberado para dar, vender, trocar ou "o que lhe bem vier a fazer com a terra";

7. Todas as benfeitorias deveriam ser registradas nos livros da Fazenda Real, na cidade de São Sebastião do Rio de Janeiro, no morro do Castelo;

8. Toda doação era válida, desde que não houvesse sido oferecida e registrada no nome de outra pessoa anteriormente. (Sim, isso era comum!).

OS POVOS

Além dos povos discutidos no livro *A Bandeira do Elefante e da Arara - Livro de Interpretação de Papéis*, acrescentamos aqui outros relevantes nesta capitania, que vieram em busca de aventura e riqueza. Ainda que muitos tenham vindo e vivido tais aventuras, nem todos foram agraciados com seus sonhos de reconhecimento e poder.

EUROPEUS

Italianos - Não eram os mais comuns por essas bandas, mas existia um grande interesse desse povo em fazer riqueza no Brasil Colonial. Principalmente os emigrados das repúblicas de Gênova e Veneza, atuavam como exploradores, soldados, aventureiros, missionários religiosos ou apenas degredados fugindo de perseguições religiosas em sua terra natal.

Normandos - Um povo que vivia na região norte da França, os normandos eram descendentes dos antigos povos da Escandinávia e possuíam traços culturais próprios, como seu idioma. Vieram para as terras do Brasil em busca de riqueza. Considerados bons navegadores e bons construtores, atuavam em quaisquer áreas em que pudessem participar da exploração das terras da colônia.

> **Piratas por todo lado!**
> Nunca é muito simples quando se vê uma bandeira negra com espadas ou ossos cruzados no horizonte. Geralmente os navios piratas carregam as bandeiras com as cores de suas nações. Todas as nações cobiçam os lucros que o Brasil proporciona à Coroa Portuguesa e mandam, sem escrúpulos, navios para acossar o litoral e os navios portugueses. Espanhóis tentaram, ingleses tiveram sucesso, holandeses e normandos apareceram por essas paragens, mas, no século XVI, o principal sinônimo de pirataria no litoral da Capitania Real do Rio de Janeiro são os franceses.

LOCALIZAÇÃO DOS POVOS INDÍGENAS

Navegar pelos oceanos com embarcações repletas de riquezas não é tarefa simples, diante do tamanho das incertezas que cercam as naus por todos os lados. Se a pirataria por si só já é ruim, piratas franceses são o símbolo máximo do medo e da insegurança. Depois da perda da França Antártica, os franceses deram o troco e expulsaram os portugueses da região de Cabo Frio, garantindo a segurança da região com a Casa de Pedra. Estabeleceram uma nova vila, chamada de São Carlos, em homenagem ao Rei Carlos IX da França, falecido em 1574. Da região de Cabo Frio, diversos navios saem para atacar os navios portugueses. Os conflitos são cada vez mais frequentes na região, e o Rei de Portugal, Dom Sebastião, o Desejado, quer promover um contragolpe contra os franceses na Capitania do Rio de Janeiro.

NATIVOS

A chegada dos portugueses no início do século XVI apresentou todo um universo de povos que, se a princípio foram considerados um povo único, com a convivência provaram serem distintos. Repletos de traços culturais, hábitos, idiomas e alimentação variados, a Capitania Real do Rio de Janeiro não foi território apenas de **tamoios**, **tupinambás** ou **temiminós** (descritos no livro *A Bandeira do Elefante e da Arara - Livro de Interpretação de Papéis*); outros povos nativos residiam na área da Capitania.

Coropó - Também chamados de "coroado" por conta dos adornos que usavam na cabeça como uma coroa. Falavam uma variação da língua jê. Ainda que fossem parentes dos puris, eram seus inimigos naturais nas regiões onde viviam.

ORIGEM DOS GUINEANOS

Goitacá - Também chamados de waitakás ou goitacazes, advinham da família dos puris e se encontravam na região mais ao norte da Capitania Real do Rio de Janeiro, até parte da Capitania do Espírito Santo. A pele deles era mais clara do que a dos outros povos indígenas e eram grandes caçadores. Tinham poucos inimigos, entre eles tupiniquins e papanazes, mas podiam declarar guerra caso outro povo invadisse seu território. Para mais informações, consulte *A Bandeira do Elefante e da Arara - Livro de Interpretação de Papéis*

Guarani - Esse grupo vivia na região sul da capitania, na região do povoado de Angra dos Reis e do povoado de Parati, um importante porto local. A palavra *guarani* significa literalmente "Guerreiro". Bons caçadores, os guaranis se consideravam parte da terra onde viviam, que é uma coisa literalmente sagrada. Por conta da chegada dos portugueses, os guaranis lutaram e migraram para não serem escravizados.

Papaná - Estes viviam principalmente na costa da região da Capitania de Porto Seguro, mas também existiam algumas aldeias grandes na Capitania Real do Rio de Janeiro. Eram considerados os menos agressivos dos indígenas, visto que não costumavam matar seus adversários aprisionados, transformando-os em escravos. Ritualisticamente comiam os próprios mortos como forma de respeito. Os papanazes eram considerados um povo de belas formas e espetacular força física. Pertenciam ao ramo dos tupis. Para mais informações, consulte *A Bandeira do Elefante e da Arara - Livro de Interpretação de Papéis*.

Puri - Também conhecidos como telikong ou paqui, eram aparentados dos coropós. A palavra *puri* significa "povo pequeno". Habitantes de regiões mais elevadas, como serras e morros, os puris eram hábeis pescadores e falavam uma variante da língua jê.

Timbira - O povo timbira vivia em diversas partes do território brasileiro, inclusive na Capitania Real do Rio de Janeiro. Habitavam as encostas e partes mais baixas da Serra dos Órgãos. Guerreiros, lutaram bravamente para manter sua liberdade contra a violência de muitos portugueses. Culturalmente usavam o cabelo longo, cortando apenas a franja. Os homens usavam botoques nas orelhas e, em alguns casos, no lábio inferior. Esse povo assimilou rapidamente o uso das roupas dos portugueses. Costumavam também usar no pescoço colares repletos de miçangas, algumas com dezenas de voltas, que eles cuidavam com grande zelo.

AFRICANOS

O processo escravocrata que trouxe milhões de sudaneses e bantos para o outro lado do Atlântico também trouxe outros povos para cá.

Guineanos - Os guineanos vieram da região da África Ocidental, que hoje engloba países como Senegal, Gâmbia, Guiné-Bissau, Serra Leoa, Mali e Burkina Fasso, territórios africanos que foram islamizados. Os guineanos eram de diversas etnias, como *fula*, *mandinga* e *hauçás*, entre outras. A grande maioria desses guineanos foi para a região das Capitanias de Ilhéus, Porto Seguro e da Bahia, mas alguns chegaram aos portos da Capitania do Rio de Janeiro, onde perpetuaram suas práticas religiosas. Além de suas línguas maternas, alguns sabiam falar ou até ler e escrever em árabe.

Uma das principais características desse povo era sua relação com o islamismo. Os guineanos vieram do poderoso Império Songai, que conquistou grande parte do Sudão Ocidental entre os últimos anos do século XV até sua dissolução, mais de um século depois. Por conta dessa influência islâmica na formação dos líderes políticos do Império Songai, eles se tornaram religiosamente diferentes de outros povos que cultuavam diversas divindades; os guineanos absorveram a tradição maometana.

Os personagens guineanos, com sua cultura religiosa distinta, trazem novas possibilidades interpretativas.

HABILIDADES NOVAS (LÍNGUAS)

Com a introdução destes povos no ambiente de *A Bandeira do Elefante e da Arara*, o mediador também pode inserir as suas línguas como habilidades.

Línguas com componente de escrita:

- Italiano
- Normando

Línguas indígenas sem componente de escrita:

- Jê

Línguas africanas sem componente de escrita:

- Fula
- Hauçá
- Mandinga

> Ainda que o primeiro navio negreiro tenha alcançado o litoral do Brasil por volta de 1530, a presença africana na Capitania Real do Rio de Janeiro ainda é rara por volta de 1576. Geralmente, os nativos da África vinham de outras capitanias, via tráfico interno. Os homens e mulheres poderosos no Rio de Janeiro ainda usavam escravos indígenas. Todos os povos escravizados sempre lutaram por sua liberdade.

EXPEDIÇÕES PARA O INTERIOR

Bandeiras, entradas e monções são termos para designar as expedições que desbravaram os territórios desconhecidos do Brasil Colônia. Essas expedições tinham objetivos diversos: a exploração do território, a busca de ouro e outras riquezas, a resolução de conflitos diversos contra indígenas ou a captura de possível mão de obra. Quanto à escravidão, trata-se de um assunto muito relevante quando se fala destas expedições, mas por demais sério para ser tratado de maneira simplista. Aproveite as bandeiras, entradas e monções para se aventurar pelo território de um Brasil fantástico repleto de mistérios, segredos e criaturas, um local perigoso para muitos e onde poucos conseguem a tão esperada glória e infindáveis aventuras. Esses três tipos de expedições foram as principais formas de interiorização do território brasileiro na busca por riquezas: ouro, pedras preciosas, peles de animais e os tesouros do sertão.

Bandeiras, Entradas e Monções: começaram em meados do século XVI e chegaram ao seu auge no século XVII. As primeiras expedições, conhecidas como "entradas", receberam financiamento pelos cofres públicos do governo colonial. Algumas destas incluíram entradas de Antonio de Oliveira em 1553 e de Brás Cubas em 1560.

A chamada Lei de Ordenanças de 1570 estabeleceu os critérios para a formação de bandeiras privadas. Pessoas podiam encarar as bandeiras como profissão, e receberam o título de bandeirante ou sertanista. Bandeirantes famosos incluem Manuel Preto, Fernão Dias e Raposo Tavares. Os interesses dos bandeirantes (e dos seus patronos) frequentemente os colocavam em conflito com nativos e jesuítas.

Assim como as bandeira e entradas, as chamadas "monções" também eram expedições, mas ocorriam por meios fluviais.

MONTANDO UMA EXPEDIÇÃO

Algumas bandeiras tinham dezenas de pessoas, mas grandes expedições podiam contar com milhares. Eram compostas por três grupos básicos: a tropa, os mateiros e os vigias, onde cada um exercia uma função. A própria Bandeira do Elefante e da Arara, formada pelos personagens Gerard van Oost e Oludara, é uma grande simplificação do sistema de bandeiras, bem como propomos no sistema de *A Bandeira do Elefante e da Arara - Livro de interpretação de Papéis* e seus pequenos grupos de aventureiros.

Toda bandeira tinha seu patrono, geralmente a pessoa que tinha a concessão da Coroa ou que detinha o dinheiro para o investimento inicial com equipamentos, tropas e alimentação. Membros das bandeiras incluíam:

- **Capitão:** a pessoa de confiança do patrono da expedição; dependendo do tamanho da expedição, poderia haver mais de um capitão. O capitão era o responsável pela contratação das tropas, a manutenção dos planos e da disciplina entre os homens. Tinha autoridade máxima sobre os membros da bandeira, com o poder de punir infrações até com pena de morte. Ser o capitão não era fácil por conta da dificuldade da vida em meio à floresta. Em muitos dos casos, o capitão era parente do chefe da expedição, um filho ou genro. O capitão mantinha uma pequena tropa de vigias para servir como guarda pessoal, além de seus homens de confiança.

- **Tropa:** todos aqueles que começavam a vida nas bandeiras, entradas e monções pertenciam primeiramente à tropa. Faziam todo o serviço pesado e ficavam na linha de frente quando as coisas saíam de controle. Geralmente armados de arcabuzes e alfanjes.

- **Mateiros:** eram os responsáveis por guiar os homens em meio à mata. Em muitos casos, os mateiros eram mestiços ou nativos que recebiam por seu serviço. Os mateiros ainda ajudavam os outros membros da bandeira nos cuidados em meio à mata e contra doenças que estes poderiam vir a contrair. Os mateiros geralmente usavam pistola e arco e flecha, sendo o uso da pistola apenas em emergências.

- **Vigias:** armados de arcabuzes e pistolas, normalmente eram esses que faziam a guarda das riquezas e dos líderes da expedição. Os vigias eram aqueles que costumavam ganhar mais entre os membros da tropa, o que atraía a inveja de outros membros da bandeira.

- **Religioso:** era quase obrigatório a presença de um membro religioso nas bandeiras, pelo alto risco de morte encarado pelos integrantes da tropa. Neste caso, o recebimento da extrema-unção era algo muito importante para os crentes. Geralmente, o religioso oferecia um tipo de apoio moral para a bandeira com suas bençãos e auxílio espiritual. O religioso às vezes servia como um tipo de diplomata quando era necessário dialogar com povos que a bandeira encontrasse na região.

> Historicamente, o normal seria um padre ou freira atuar como capelão, mas no caso de *A Bandeira do Elefante e da Arara*, o grupo pode preferir um pajé ou um seguidor de Ifá.

Das memórias de Adetokumbo, anotadas por seu amigo, James Cranmer. Acredito que seja 11 de março de 1576.

Nasci na colônia, numa antiga senzala muito distante. Desde minhas primeiras lembranças, ainda cafioto até o tempo em que conquistei minha liberdade, nunca duvidei das palavras que os soldados brancos diziam: "Aqui é um inferno. A Capitania é um lugar perigoso!".

Muita gente fala que essas terras eram amaldiçoadas. Que criaturas fugidas da mata atormentavam os homens. Muita gente também falava que os portugueses não dominavam a terra por conta dos franceses. A verdade é essa: ninguém conseguiu dominar essas terras. Quanto mais os homens, todos eles, todos nós, tentam invadir as matas e subir as serras, mais criaturas aparecem. Seja no mar, na terra ou acima de nossas cabeças, no alto das montanhas, sempre existem criaturas nos observando, espreitando.

Se algum dia eu topar com aquele Touro Negro de que o Iberê tanto falava, Oxalá me dê forças para lutar, pois só com braços não sei se aguentarei tamanha empreitada. A Capitania é lugar de guerra todo dia. Guerra de todo tamanho e de toda força. E eu rezo aos meus deuses para protegerem a mim e aos meus amigos. Oxalá nos proteja das bulhas dessa terra! Oxalá nos proteja!

3

OS MONSTROS E MAGIA DA CAPITANIA

Todo jogo de fantasia precisa de criaturas terríveis (ou nem tão terríveis) e objetos encantados para servirem de suporte dramático ou para momentos de tensão nas aventuras. Criaturas fantásticas e itens mágicos são o divisor de águas de toda uma aventura, podendo ser tanto o centro de um mistério quanto o detalhe que pode ceifar a resistência dos personagens.

BESTIÁRIO

Este é um pequeno bestiário sobre criaturas que aparecem na Capitania Real do Rio de Janeiro, seja no folclore local, registrado por folcloristas, como no conjunto de lendas contadas oralmente ou criadas especificamente para o mundo de *A Bandeira do Elefante e da Arara*. Existem diversos trabalhos sobre zoologia fantástica e outros tantos livros sobre folclore que podem servir de inspiração na construção de todo um bestiário fantástico para essa capitania. E, se levarmos em consideração a mitologia regional, outros tantos monstros podem surgir, como no caso do Gigante de Pedra da Guanabara. A imaginação, associada a um pouco de pesquisa histórica, é o combustível principal para que seus jogos sejam cada vez mais ricos de informações sobre a cultura, a história e o folclore do Rio de Janeiro.

As seguintes criaturas foram encontradas em diversos artigos, livros e trabalhos sobre folclore brasileiro, refletindo uma ínfima parte da cultura brasileira. Sintam-se livres para alterar as criaturas como bem entenderem dentro da dinâmica de seus jogos, assim como para usá-las como base para gerar suas próprias criaturas.

BOTO CINZA
Tamanho: H
Movimento: 5
Habitat: mares
Número: 1 a 60
Habilidades: nenhuma
Ataques físicos: Morder 2 (dano 2)
Resistência: 10
Defesa passiva: 1
Defesa ativa: 3

O boto cinza é um dos símbolos da Capitania do Rio de Janeiro. Inteligente e sociável, o boto cinza é altamente reverenciado pelos povos indígenas, que evitam sua caça. Os portugueses, ao contrário, admiram o sabor de sua carne e, mesmo que neguem, fazem uso de partes de seu corpo como amuletos da sorte (em especial, os olhos do boto). Pelo fato de serem tão inteligentes, costumam se relacionar com criaturas dos mares, como cavalos-marinhos, sereias e a própria Iara. Estes animais conseguem nadar quase a 60 quilômetros por hora e saltar até 5 varas acima da água. Diferente do seu primo boto rosa, este boto não é capaz de assumir outras formas.

CAPIVARA-DENTE-DE-SABRE
Tamanho: I
Movimento: 4 (terra), 3 (água)
Habitat: rios, lagos e pântanos
Número: 1 a 20
Habilidades: nenhuma
Ataques físicos: Morder 2 (dano 3)
Resistência: 16
Defesa passiva: 1
Defesa ativa: 3

Como diz o nome, a Capivara-Dente-de-Sabre é um tipo de capivara que possui dentes como o Tigre-Dente-de-Sabre, animal pré-histórico com o qual compartilha um ancestral em comum.

A Capivara-Dente-de-Sabre costuma viver em pequenos bandos, muitas vezes com filhotes, e sempre perto de água doce. É geralmente dócil, menos se alguém representar ameaça para o bando, aí atacará de forma selvagem. Sua mordida forte é um perigo para seres humanos e animais. Ao sentir que um inimigo está além do seu poder, fugirá para baixo da água.

CASCAVEL ENORME
Tamanho: K
Movimento: 3
Habitat: matas
Número: 1
Habilidades: nenhuma
Ataques físicos: Morder 2 (dano 5)
+ Envenenar 2 (veneno incomum)
Resistência: 36
Defesa passiva: 2
Defesa ativa: 5

A cascavel é uma cobra que pode chegar a um comprimento de quase duas varas, mas a cascavel enorme, no entanto, pode ultrapassar essa marca: quase doze varas de comprimento. A cascavel enorme é exatamente igual à sua versão menor, mas muito mais forte e perigosa, sendo capaz de engolir ou de enroscar um homem inteiro. Seu veneno poderoso é de grande interesse para caçadores e alquimistas em geral. Seu chocalho é considerado um item com grande potencial mágico, muito admirado por pajés, iyalaôs e babalaôs.

CAVALO-MARINHO

Tamanho: **H**
Movimento: **4**
Habitat: **mares e rios**
Número: **1 a 6**
Habilidades: **nenhuma**
Ataques físicos: <u>Chutar</u> **2 (dano 2)**
Resistência: **12**
Defesa passiva: **0**
Defesa ativa: **2**

Este cavalo tem a metade inferior igual à cauda de um peixe, de cor branca resplandecente e crina dourada. Há registros de cavalos-marinhos em todos os cantos das capitanias brasileiras, contando, inclusive, com a admiração dos indígenas, que afirmam que aqueles que encontrarem um ficarão ricos, graças à sua crina feita de fios de ouro. O cavalo-marinho é extremamente forte e, ainda que raramente aceite ser montado, existem relatos de indígenas que realizaram tal feito. Tem uma inclinação nobre, e não aceita ser montado por pessoas de caráter suspeito.

ESQUELETO

Tamanho: **H**
Movimento: **3**
Habitat: **todo o território**
Número: **1 a 30**
Habilidades: **nenhuma**
Ataques físicos: <u>Golpear</u> **2 (dano 1)**
+ <u>Causar doença</u> **1 (doença comum)**
Resistência: **6**
Defesa passiva: **1**
Defesa ativa: **2**
Especial: **armas de perfuração ou corte causam metade de dano e não são afetados por medo, doenças ou veneno;**

Esqueletos fazem parte de inúmeros folclores ao redor do mundo. Reanimados por feiticeiros malévolos ou por locais amaldiçoados, os esqueletos são a primeira linha de defesa das criaturas do além-túmulo. Atacam com armas antigas e enferrujadas que causam pouco dano, mas que carregam em si a possibilidade de infecção a cada acerto, conforme um teste de <u>Causar doença</u>.

Armas maciças causam dano normal aos esqueletos, mas armas de corte ou de perfuração causam apenas metade de dano (mínimo de um ponto de dano). Também não são atingidos por efeitos de medo, doenças e veneno. Outros efeitos de <u>Fé</u>, <u>Ifá</u> e <u>Fôlego</u> funcionam normalmente contra esses seres do mundo do além.

GALO DA NOITE

Tamanho: **C a I (veja abaixo)**
Movimento: **1**
Habitat: **todo o território**
Número: **1**
Habilidades: **nenhuma**
Ataques físicos: <u>Bicar</u> **2 (dano variável - veja abaixo)**
Resistência: **16**
Defesa passiva: **0**
Defesa ativa: **2**
Especial: **veja descrição**

O Galo da Noite é um tipo de visagem que aparece em forma de galináceo sobre um moirão ou alguma construção. Grande e bonito, o Galo da Noite tem a plumagem toda negra e canta a plenos pulmões, atraindo a curiosidade de todos durante as madrugadas de lua cheia. Só ataca quem o ataca, e cada vez que alguém o acerta com um ataque ou magia, ele cresce, conforme a tabela abaixo:

ACERTOS	TAMANHO	DANO (BICADAS)
0	C	1
1	E	2
2	G	3
3	I	4

No tamanho máximo, tem a altura de um homem adulto, mas com o dobro de envergadura. Quando amanhece, o galo some misteriosamente, às vezes nunca mais voltando ao mesmo lugar. Dizem que eles são os espíritos de antigos caçadores que foram mortos por suas presas.

HAÜT
Tamanho: I
Movimento: 3
Habitat: matas
Número: 1
Habilidades: nenhuma
Ataques físicos: Arranhar 3 (dano 2) ou Agarrar e morder 2 (dano 3)
Resistência: 18
Defesa passiva: 3
Defesa ativa: 5

Da altura de um homem adulto, o Haüt é uma espécie de versão bizarra de um gorila. Sua barriga é tão grande que quase toca o chão, e seu rosto se assemelha ao de um humano, sem exibir as feições do mamífero primata, característica que usa para enganar possíveis vítimas. Sua pelagem varia entre o cinza claro e o marrom-escuro. Suas patas são compridas e possuem quatro dedos, com garras longas em apenas três deles. A sua cauda tem quase três varas de comprimento, mas quase não possui pelagem, servindo para o Haüt carregar ou levar alguma coisa até suas mãos. Esta criatura pode ser extremamente brutal.

HOMEM DOS PÉS DE LOUÇA
Tamanho: H
Movimento: 3
Habitat: todo o território
Número: 1
Habilidades: Amedrontar 2
Ataques físicos: Golpear 1 (dano 2)
Resistência: 10
Defesa passiva: 1
Defesa ativa: 2

Este tipo de aparição surge em todo o litoral da Capitania do Rio de Janeiro, em especial na região sul, por conta do elevado número de navios naufragados. O Homem dos Pés de Louça é a aparição de náufragos que morreram presos enquanto os navios afundavam. Hoje, seus espíritos vagam pelo litoral próximo de onde morreram. O Homem dos Pés de Louça sempre aparece sozinho, caminhando pela areia. Possui um grito terrível, que causa o efeito de Amedrontar 2, afetando todos dentro de um raio de 9 varas. Costuma iniciar um combate amedrontando suas vítimas para, depois, golpeá-las. O Homem dos Pés de Louça tem certa aversão a seguidores de Fé e Ifá, e os poderes *Afastar o mal* e *Afastar inimigo* recebem um bônus de +5 no teste para expulsar a criatura.

JACARÉ VENENOSO
Tamanho: K
Movimento: 0 (fora da água), 4 (dentro da água)
Habitat: mangues
Número: 1 a 2
Habilidades: nenhuma
Ataques físicos: Morder 2 (dano 7) + Envenenar 2 (veneno incomum)
Resistência: 35
Defesa passiva: 3
Defesa ativa: 5

O grande Jacaré Venenoso vive nas áreas mais profundas dos manguezais, tão comuns no litoral da capitania. Não difere muito do jacaré comum, tirando o fato de que possui glândulas que secretam um poderoso veneno em suas presas. Por conta dessa característica, é o predador alfa dos mangues do litoral da capitania. O Jacaré Venenoso é alvo do interesse de caçadores, que costumam usar o veneno dessas glândulas em suas flechas quando precisam caçar algo perigoso o suficiente que justifique enfrentar o Jacaré Venenoso. Uma das estratégias de combate do enorme réptil é, ao perceber que uma de suas vítimas já foi afetada por seu veneno, arrastá-la para o fundo das águas, onde será um alvo ainda mais fácil. O Jacaré Venenoso é quase sempre encontrado sozinho, exceto em tempos de reprodução.

MACUNAÍMA
Tamanho: H
Movimento: 3 (variável)
Habitat: todo o território
Número: ser único
Habilidades: Natação 3, Corrida 3, todas as habilidades silvestres nível 3, idiomas (todos nível 1): Tupi, Guarani, Aimoré, Goitacá, Maracá, Tremembé, Jê, Português e Francês
Ataques físicos: Armas de arremesso 2, Armas de golpe 2, Armas de sopro 2, Arqueria 3
Resistência: 30
Defesa passiva: 6
Defesa ativa: 9
Especial: profecia, transformação, deslocamento instantâneo, defesa contra magia, cura especial (veja abaixo)

Pouco se sabe sobre Macunaíma. Alguns povos acreditam que seja uma antiga entidade divina e, portanto, o veneram; outros ainda o consideram o criador dos animais; já outros acreditam que Macunaíma é um antigo herói que venceu, ou enganou, o tempo. A verdade não é conhecida, e sabe-se apenas que Macunaíma é muito poderoso. Suas habilidades e seu espírito profundamente inventivo fazem com que ele seja considerado sábio, gênio ou louco. Seus poderes mágicos são lendários. Macunaíma representa a astúcia da palavra sobre a força, o instinto dos homens, a sobrevivência, a alegria zombeteira e a felicidade das coisas simples.

Macunaíma tem poderes além da compreensão e pode se deslocar para onde quiser, conforme sua vontade. Também tem o dom da profecia e sabe falar diversos idiomas com total fluência. Ainda que seja poderoso, evita combates físicos, preferindo se manter afastado o suficiente e ajudar nas causas que acredita serem as mais acertadas. Também possui o dom da cura - seja do corpo ou da alma - e consegue curar até 5 pessoas em 5 pontos de dano ao dia. Macunaíma tem um tipo de proteção mágica: não existe magia nociva que o afete e, ao mesmo tempo, possui uma defesa muito além do comum, sendo muito difícil acertá-lo com ataques físicos. Macunaíma pode adotar a forma que quiser pelo tempo que desejar. Só para constar, sempre terá com ele algo que o identifique junto aos seus aliados, seja um corvo no ombro ou uma peça do vestuário.

Pouco se sabe sobre o Marajigoana, apenas que ele é o duplo, tão famoso no imaginário europeu, também presente no Brasil Colonial. Os nativos acreditam que a alma, ou outra parte mística, se separa do corpo. O Marajigoana é a visão que pode se fazer passar por outra pessoa, enganando a todos. O Marajigoana geralmente mata seus alvos de modo furtivo, não em combate direto, o qual evita a todo custo. Fica apenas o tempo suficiente para viver na região, fazendo-se passar por quem copia, rapidamente começando a usar outra face, o que torna muito difícil derrotar um desses seres. São solitários, mas adaptáveis. Pelo fato de se transformar em outras pessoas, costumam manter relações com seus pares, reproduzindo-se, inclusive, e dando origem a um novo Marajigoana, quando este chega à adolescência.

MARAJIGOANA

Tamanho: H
Movimento: 3
Habitat: todo o território
Número: 1
Habilidades: nenhuma
Ataques físicos: Armas de corte 1
Resistência: 8
Defesa passiva: 1
Defesa ativa: 2
Especial: mudar de forma (veja abaixo)

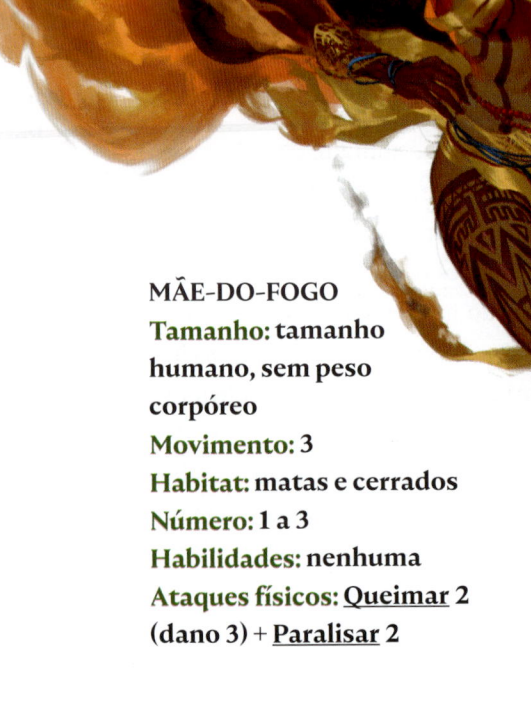

MÃE-DO-FOGO

Tamanho: tamanho humano, sem peso corpóreo
Movimento: 3
Habitat: matas e cerrados
Número: 1 a 3
Habilidades: nenhuma
Ataques físicos: Queimar 2 (dano 3) + Paralisar 2

Resistência: 10
Defesa passiva: 2
Defesa ativa: 3
Especial: imune a armas normais

A Mãe-do-Fogo é um tipo de elemental formada pelo próprio lume. Costuma ser vista em diferentes lugares do território da colônia. Ninguém conhece muito bem a origem dela, mas os nativos demonstram respeito, os europeus demonstram medo e os africanos a identificam como uma entidade de sua terra natal que veio junto com eles, chamada Egunitá. Seja como for, poucos aventureiros gostam de cruzar caminho com a Mãe-do-Fogo durante a noite, que incendeia tudo ao redor. O teste de Paralisar deve ser aplicado a cada acerto, e o alvo fica imobilizado até o final da próxima rodada.

ONÇA BRANCA
Tamanho: I
Movimento: 6
Habitat: matas
Número: 1
Habilidades: Amedrontar 2
Ataques físicos: Morder 2 (dano 3) ou Arranhar 3 (dano 2)
Resistência: 20
Defesa passiva: 2
Defesa ativa: 4

A onça branca era um felino normal que foi tocado por Anhangá, perdendo todas as suas manchas e a cor de sua pelagem. Esse animal é extremamente agressivo e geralmente é criado por Anhangá para guardar determinados lugares e itens. Dificilmente alguém consegue se aproximar dela sem entrar em combate. Ela é maior, mais forte e ágil que as onças comuns. As onças normais são protegidas pelos povos nativos, mas no caso da onça branca, por ser um animal tocado por uma divindade maligna, sua pele é valorizada pelos indígenas que criam adereços de proteção com ela. As últimas notícias de onças brancas vêm da região alta da Serra de Macabu.

PANÃPANÁ
Tamanho: E
Movimento: 4
Habitat: rios
Número: 1 a 20
Habilidades: nenhuma
Ataques físicos: Morder 1 (veja abaixo)
Resistência: 4
Defesa passiva: 2
Defesa ativa: 3
Especial: sugar sangue (veja abaixo)

O Panãpaná é um peixe monstruoso, muito parecido com uma lampreia, por conta de sua boca em forma de ventosa. Ao acertar um ataque, o panãpaná causa 2 pontos de dano com a mordida e fixa sua boca na presa e começa a sugar sangue, causando 1 ponto de dano por todas as rodadas posteriores, até a vítima ou a criatura morrer. Os panãpanás costumam atacar em grupo, acabando rapidamente com suas vítimas.

Desperta mais a curiosidade por ser um peixe raro do que pelo sabor de sua carne, semelhante à do cação. Dentro de seu território, o Panãpaná pode se tornar agressivo, principalmente se as fêmeas estiverem no período da desova. Pode chegar a duas varas de comprimento e pesar 1 arroba (15 kg).

PORCO NEGRO
Tamanho: J
Movimento: 3
Habitat: matas
Número: 1 a 10
Habilidades: nenhuma
Ataques físicos: com presas (dano 2) ou Morder 1 (dano 4)
Resistência: 25
Defesa passiva: 2
Defesa ativa: 4

Dizem os nativos que o Porco Negro não existia nas terras do Brasil, que foi trazido pelos portugueses no início do século quando chegaram as primeiras caravelas. Só que o Porco Negro é muito diferente do porco que cresce nas terras do Alentejo. Com pelos grossos e pontiagudos, é grande, forte e extremamente agressivo. Até mesmo os caititus gigantes evitam contato com esses grandes porcos que atacam sem aviso. Muitos consideram que o Porco Negro foi amaldiçoado por Anhangá, por não ser nativo da região. O Porco Negro é muito procurado por causa de sua carne extremamente saborosa, embora a caça não costume valer o risco. Sua carne, portanto, é uma iguaria à qual apenas uns poucos e poderosos têm acesso. Quando ataca, o Porco Negro sempre prefere golpear lançando-se contra o adversário. Só morde se estiver preso ou muito próximo do alvo. O Porco Negro costuma atacar em bando, o que é conveniente e muito útil para amedrontar possíveis predadores.

SALAMANDRA DE FOGO

Tamanho: G
Movimento: 1
Habitat: manguezais
Número: 3 a 6
Habilidades: nenhuma
Ataques físicos: Morder 2 (dano 2) ou Cuspir fogo 2 (dano 2 efeito de área - veja abaixo)
Resistência: 7
Defesa passiva: 0
Defesa ativa: 2
Especial: imune a ataques de fogo

Esse lagarto, cuja cor varia do cobre ao vermelho sangue ao marrom-escuro, tem o tamanho de um jacaré. Vive no meio do manguezal alagado, justamente por sua natureza incendiária. Fica o máximo possível dentro das áreas alagadas, alimentando-se de caranguejos e peixes que consegue pegar. Sua carne é apreciada por colonos e indígenas, mas caçar uma salamandra de fogo não é fácil.

Vivendo em grupos familiares de até 6 indivíduos, elas costumam atacar em bando até que o perigo tenha se afastado. Uma última forma de defesa é sua baforada de fogo, um cone de chamas que alcança aproximadamente duas varas a partir da boca da salamandra. Este cone afeta todos os inimigos **Em combate** com a criatura e pode ser usado apenas 1 vez ao dia. O sangue da Salamandra de Fogo é utilizado por curandeiros, feiticeiros e alquimistas para confeccionar certas poções.

SERPENTE GIGANTE

Tamanho: J
Movimento: 2
Habitat: matas
Número: 1
Habilidades: nenhuma
Ataques físicos: Morder 3 (dano 4) + Envenenar 2 (veneno comum), Agarrar 2 (dano 2 + 2 por rodada)
Resistência: 20
Defesa passiva: 2
Defesa ativa: 5

Parente gigantesca das cobras encontradas nas matas brasileiras, a Serpente Gigante tem as mesmas exigências de alimentação e reprodução das serpentes normais, com a diferença de que pode pesar até 20 arráteis de peso (300 quilos) e chegar a mais de duas varas de altura. As suas presas são muito cobiçadas por caçadores e pajés.

Um inimigo formidável e perigoso, a Serpente Gigante é letal em combate, mesmo contra inimigos treinados. Sempre ataca primeiro com suas grandes presas, mas quando sobra apenas um inimigo de pé, a serpente pode usar Agarrar para encerrar a batalha. Em caso de sucesso na façanha, sua presa fica imobilizada, tomando 2 pontos de dano por rodada até morrer. Neste caso, apenas uma façanha intermediária de Força física pode livrar a presa, que pode ser aplicada uma vez por rodada (teste nível 0 para quem não possui a habilidade).

TAMUATÁ

Tamanho: B
Movimento: 3
Habitat: rios e lagos
Número: 12 a 18
Habilidades: nenhuma
Ataques físicos: Morder 1 (dano 1)

Resistência: 3
Defesa passiva: 2
Defesa ativa: 3

O Tamuatá é um peixe que pode atingir um tamanho máximo de meia vara (50 centímetros) e pesar cerca de 25 onças (700 gramas). Todavia, esse peixe é extremamente difícil de ser pego. É revestido de placas grossas da cabeça até a cauda, como os tatus. Ainda que não seja agressivo como outros peixes lendários do Brasil, o Tamuatá costuma atacar caso a área onde ele se encontra seja invadida. A pele do Tamuatá, quando em bom estado, pode ser usada para criar excelentes peças de defesa (Gibão de Tamuatá, +2 na defesa passiva), mas encontrar alguém que tenha tamanha habilidade para a criação de tais peças é muito raro.

TOURO NEGRO

Tamanho: K
Movimento: 4
Habitat: matas
Número: 1
Habilidades: Paralisar 2
Ataques físicos: Dar Chifrada 2 (dano 3) ou Escoicear 2 (dano 4)
Resistência: 30
Defesa passiva: 2
Defesa ativa: 3

Para um observador incauto, o Touro Negro pode parecer um touro comum, mas basta um olhar mais atento para perceber as diferenças. É anormalmente grande, com pelagem áspera, e um brilho vermelho intenso emana de seus olhos sempre furiosos.

O Touro Negro ataca com extrema violência e crueldade, correndo atrás de seus alvos e derrubando tudo com sua chifrada. O Touro Negro também pode olhar nos olhos de qualquer um **Em combate** com ele para aplicar seu poder de Paralisar. Em caso de sucesso, o alvo fica imobilizado durante esta e as próximas duas rodadas. A criatura aproveita os alvos neutralizados para Escoicear com toda a fúria.

URUBU REI
Tamanho: F
Movimento: 7
Habitat: todo o território
Número: 1
Habilidades: nenhuma
Ataques físicos: Morder 3 (dano 2) + Causar Doença 2 (doença comum)
Resistência: 5
Defesa passiva: 1
Defesa ativa: 2

O Urubu Rei é um animal enorme que vive de se alimentar dos corpos de animais, homens ou outras criaturas mortas, por isso, muitos o consideram um símbolo de mau agouro. Por seu tamanho avantajado, o dobro dos urubus normais, é uma ave solitária e tida como egoísta. Também é considerada esperta e astuta, sendo raramente enganada por caçadores e suas armadilhas. Muitos caçadores evitam as áreas onde urubus se encontram, principalmente se este for o enorme Urubu Rei, pelo simples fato de que, se os urubus estão dominando uma área, a caça da região já deve estar morta.

Dizem que nas noites de lua nova, o Urubu Rei pode se comunicar com os homens. Nos momentos de noite mais escura, o Urubu conversa com os homens e conta seus segredos, mas em troca de um preço justo, como uma caça enorme ou uma joia rara que chame sua atenção. O Urubu Rei é perseguido por conta de sua plumagem supostamente mágica, com a qual pajés e sacerdotes malignos fazem uma capa. O Urubu Rei não é uma ave de combate, preferindo ficar distante, observando e guardando segredos e mistérios.

ZUMBI
Tamanho: H
Movimento: 3
Habitat: todo o território
Número: 1 a 20
Ataques físicos: Golpear 1 (dano 2) + Causar Doença 1 (doença comum)
Resistência: 7
Defesa passiva: 0
Defesa ativa: 0

Diferente da versão costumeira, no folclore brasileiro os Zumbis são mais do que apenas corpos reanimados que se arrastam atrás de suas vítimas. Extremamente territorialistas e agressivos, são corpos reanimados por um feiticeiro ou ainda por alguém que tenha morrido numa área amaldiçoada, impossibilitando seu descanso eterno. São rápidos e conseguem perseguir suas vítimas com grande agilidade, causando verdadeiro terror nas pessoas que os encontrarem. Seus corpos costumam ser menos resistentes que o corpo de um ser vivo, dependendo das condições em que saíram de suas cova. No geral, os Zumbis podem ser vistos em quaisquer territórios.

QUINQUILHARIAS, BUGIGANGAS E ITENS MÁGICOS

A cultura dos nativos, dos portugueses e dos africanos tem sua história repleta de itens especiais, mágicos e encantados, que tanto ajudam os homens, assim como podem fazer com que estes queimem nas fogueiras da Inquisição. De muiraquitãs a imagens religiosas cheias de poder mágico, de armas encantadas feitas de ossos de animais a poções repletas de segredos dos mais poderosos pajés, itens mágicos são sempre valiosos numa campanha.

Itens mágicos podem ser criados por pessoas especialmente habilidosas, ou encontrados nos tesouros de criaturas fantásticas, ou em lugares há muito esquecidos que pertenceram a antigos povos que viviam no território brasileiro. Alguns desses itens concedem poderes únicos aos personagens, inalcançáveis por qualquer outro meio. Itens mágicos são ferramentas incríveis dentro do jogo e muitas vezes podem ser bastante valorizados.

Acangatara Tamoia: a acangatara é um adorno de cabeça feito de penas, usado em cerimônias e momentos especiais – como as guerras. A acangatara é confeccionada com as penas brancas e pretas do socó e estas são tratadas durante a lua cheia para protegerem seus usuários das guerras que os tamoios constantemente travam. A acangatara é um item raro e geralmente usado apenas por tamoios, que costumam não admitir que outros povos a utilizem, lutando até o fim para recuperar este item de seu povo.

A Acangatara Tamoia concede +1 à defesa passiva do personagem.

Açayaba de Penas: uma espécie de manto confeccionado para as batalhas, as açayabas costumam ter as características de cada tribo. Além da função ritualística durante os conflitos, também funcionam na identificação dos inimigos.

A Açayaba de Penas garante ao seu dono +1 na defesa passiva, além de reduzir o impacto de quedas. A Açayaba não permite que o participante voe, apenas que caia de modo suave, como se planasse até o chão.

Bolsa de Mandinga: estas pequenas bolsas carregam um pouco de tudo - orações em latim, pedaços de hóstia, raspas de unha, chumaços de cabelo, alguns vinténs, lascas de osso de algum defunto etc. -, tudo isso envolto em tecido branco. Costumam ser criadas para proteger seu usuário de danos e ferimentos, por arma branca ou de fogo, como também para dar sorte ou êxito em alguma área de interesse.

A Bolsa de Mandinga funciona igual a um amuleto de *Proteção*, dando uma penalidade de -2 em testes contra o personagem que a usa. Costuma atrair o desdém de praticantes de Fé, nada satisfeitos com a mistura entre elementos da fé europeia e práticas religiosas nativistas.

Chicote das Almas: (*Arma encantada; Habilidade para uso: Armas de Golpe, Mãos para manejar: 1, Alcance: Corpo a corpo, Dano: 1*). Parece um chicote comum, feito de tiras de couro tratadas. Na realidade, é uma arma encantada, criada para ser a desgraça dos Mortos-Vivos.

O Chicote das Almas causa apenas um dano contra criaturas normais, mas quando o alvo é um morto-vivo (como Esqueletos, Zumbis e Corpos-Secos) ou um fantasma (como Visagens), seu dano é duplicado. O chicote ainda pode ser usado para "estalar" uma vez por batalha, o que causa o efeito de Amedrontar 1 em todos os inimigos presentes.

Feixe de Flechas da Serpente: várias histórias e lendas indígenas mencionam flechas que não erram o alvo. As flechas deste feixe, decoradas com desenhos indígenas, são certeiras como o bote de uma serpente. Elas só podem ser usadas em 3 situações: em luta contra seres vivos, na caça, e na pesca.

O Feixe de Flechas da Serpente é composto de 5 flechas que nunca erram o alvo, causando 2 pontos de dano por tiro. As flechas conseguem danificar criaturas imunes a armas normais. O atirador precisa ter um arco e pelo menos nível 1 de Arqueria para disparar corretamente uma flecha. Apesar de sempre acertar o alvo, cada ataque funciona como um *Ataque à distância* normal, sem o atirador poder escolher o ponto exato do impacto. Ao final da batalha, as flechas regressam magicamente para o feixe carregado pelo participante; mesmo as que por acaso se perderem retornarão. Elas podem ser destruídas por fogo ou ferro, mas, neste caso, o destruidor sofre um teste de Envenenar 3 (veneno incomum).

Ferradura da Sorte: uma tradição europeia que migrou para o Brasil junto com as naus, as Ferraduras da Sorte só têm poder benéfico quando encontradas, geralmente, sob circunstâncias especiais. No início da colonização, a carência de cavalos tornava esses itens ainda mais raros.

A Ferradura da Sorte proporciona *Sorte +1*, como o poder de mesmo nome, podendo lançar novamente um dado em todas as suas façanhas. Se a Ferradura for comprada, não trará benefício algum ao portador. Se for furtada, o ladrão será alvo de constantes infortúnios até que se livre dela, levando uma penalidade de -1 em todos os seus testes, igual ao poder *Dar azar*.

Flauta de Macunaíma: esta flauta aparenta ser um item musical comum, uma flauta de pã com quatro tubos de bambu, mas na verdade é um poderoso artefato. Quando o seu usuário toca as notas certas, ela invoca uma criatura selvagem e fantástica da região. O usuário ainda poderá afastar a criatura, desde que toque ao contrário as notas que usou para invocar a criatura. Como pertence a uma entidade caótica e zombeteira, a flauta também tem o poder de invocar todas as criaturas de uma só vez, formando uma verdadeira tropa. Neste caso, não será possível afastá-las com o poder da flauta.

Cada uso da Flauta de Macunaíma convocará uma criatura aleatória do Bestiário deste livro (exceto o próprio Macunaíma), que chegará de 1 a

6 rodadas depois, conforme o resultado do dado. É preciso ter cuidado ao usar a flauta, porque a criatura convocada atacará o primeiro alvo a cruzar seu caminho, que pode muito bem ser o próprio usuário. A criatura convocada vai embora após vencer um combate ou perder metade da sua resistência ou ser afastada pela flauta.

Flecha da Surucucu: uma flecha com penas negras na base e um pequeno dente de surucucu na ponta, esta arma encantada não precisa de arco para ser lançada. A Flecha da Surucucu é única e é um item de caça formidável.

A Flecha da Surucucu, quando lançada das mãos de seu dono, atinge automaticamente o alvo, causando um ponto de dano mais o efeito de Envenenar 3 (veneno comum), assim como na habilidade de mesmo nome. Para manter o item mágico, algumas regras devem ser observadas: não permitir que outra pessoa a toque; não explicar o uso dela para outra pessoa; nem dizer o nome do item. Caso alguma dessas regras seja desobedecida, a flecha perderá seus poderes, tornando-se uma flecha comum.

Jamachy do Curupira: o Jamachy é um longo cesto trançado, feito de fibras naturais, que chega a 1 vara (1,1 metro) ou mais de comprimento, que fica preso pelos ombros. Há relatos de uma tribo indígena que dizem que um Curupira carregou em seu Jamachy uma anta, um cervo, uma paca, uma cutia e um porco, levando todos esses animais para alimentar uma aldeia inteira. O Jamachy foi trançado pelo próprio Curupira, e só ele sabe exatamente como este item adquire as suas habilidades mágicas. Em determinadas situações, o Curupira pode emprestar um Jamachy, ou até mesmo presentear alguém com um. É um item raro, sendo muito valorizado por tropeiros e exploradores.

Ainda que não tenha espaço infinito, o compartimento do Jamachy do Curupira é amplo e tudo que for colocado em seu interior não exerce carga sobre o usuário, que consegue guardar até uma pipa (420 litros) de volume dentro dele, o equivalente a 7 barris.

Lança das Ykamiabas: as Ykamiabas são tribos apenas de mulheres. Sua lenda se espalhou pelo interior da colônia, principalmente nas capitanias do Norte, mas essas lendas também existem em outros pontos do Brasil. Vivem praticamente ocultas na mata, o que dificulta muito sua localização. Sua lança é um pouco mais longa e mais leve que a tradicional, e suas características mudam dependendo do sexo de quem a usar.

Nas mãos de um homem, a Lança das Ykamiabas causa apenas 1 de dano. Nas mãos de uma mulher, causa 2 de dano e, quando for arremessada contra um homem, nunca erra o alvo (desde que esteja dentro do alcance), causando 3 de dano.

Muiraquitãs

A Bandeira do Elefante e da Arara - Livro de interpretação de Papéis descreve um amuleto muiraquitã em formato de sapo, conhecido como Muiraquitã Guaru; contudo, existem outros amuletos em outros formatos. Os indígenas também costumam criar os amuletos de *Iurukuá*, em homenagem às tartarugas, e o amuleto *Mboi,* às serpentes. Estes dois amuletos têm funções diferentes.

Muiraquitã Iurukuá: uma pequena pedra talhada de jade em forma de tartaruga. Concede ao portador +2 de defesa passiva e +2 pontos de resistência.

Muiraquitã Mboi: também talhado em jade, este amuleto tem o formato de uma pequena serpente. O amuleto concede ao portador maior resistência a venenos de cobras ou criados pelo homem, artificial ou magicamente, concedendo-lhe uma penalidade de -2 em qualquer teste de Envenenar contra o portador. Este amuleto também pode ser usado para consumir o veneno que tenha sido injetado em alguém. Para isso, basta destruí-lo e colocar suas partes quebradas em contato com a pessoa infectada. O espírito da cobra utilizado para o item encantado eliminará o veneno na vítima.

Pedra de Ará: Ará vem de altar, é o mármore usado sobre as mesas nas missas. Não era incomum os fiéis quebrarem o mármore dos altares para usar os pedaços como itens encantados. E realmente o são: quanto mais antigo o altar, quanto mais importante a igreja, maior a crença das pessoas no poder destas pedras.

Em geral, uma Pedra de Ará concede +1 à defesa passiva do seu portador. Esta pedra, se lançada ao chão (sendo assim inutilizada), concede a essa pessoa a graça divina *Defesa contra o mal* durante a próxima batalha travada. Seguidores de Fôlego não podem usar a Pedra de Ará.

Pedra de Raio: estas pedras escuras são formadas do encontro dos raios com o chão. Curiosamente, tanto nativos quanto portugueses têm costumes parecidos em relação a essas pedras, que podem ser usadas para causar ferimentos como os de um raio.

As Pedras de Raio podem ser utilizadas por quem possui habilidade em Armas de arremesso. Se o personagem atingir seu alvo, a pedra explode e causa 3 pontos de dano (se errar, a pedra se mantém intacta). O usuário também pode destruir a pedra com o golpe de uma arma ou uma pedra pesada, emitindo um poderoso estrondo que pode servir para afugentar animais ou ajudar alguém a localizar o usuário da pedra. As pedras não são encantadas, sendo inúteis contra criaturas imunes a armas normais. São encontradas em conjuntos de 2 a 12 pedras, conforme o resultado de dois dados.

Pena de Aritana: esta pena é usada somente pelos líderes das aldeias indígenas. Não é criada, simplesmente é obtida de algum animal raro ou de alguma criatura fantástica que tenha sido vencida pelo indígena em questão.

A Pena de Aritana concede ao seu usuário +2 pontos em qualquer teste de Persuasão, seja em relação aos indígenas ou outros povos. Ela faz o usuário emanar uma aura de liderança, capturando a atenção dos outros enquanto ele fala. Essa vantagem, contudo, pode gerar conflitos, por exemplo, transformando o usuário em alvo.

Pistola do Guy: uma pistola de dois canos é uma raridade no século XVI, ainda mais uma trabalhada em ouro pelo mestre Benvenuto Cellini. Cada cano possui um gatilho próprio. Guy de Coullons recebeu esta pistola de Jean de la Cassiere, Grão-Mestre da Ordem de Malta, e o valor da arma é inestimável.

A Pistola do Guy é um item único e de qualidade ímpar. Além de atirar duas vezes entre cada recarga, oferece ao usuário um bônus de +2 em testes remover "ao usuário" Não é uma arma encantada.

Poção de Salamandra de Fogo: a criação desta poção é um segredo bem guardado pelos feiticeiros, dada a sua periculosidade. Quando criada, é necessário selar a entrada da jarra de barro com cera de abelha ou com algum outro tipo de seiva bruta para que o líquido não escorra, visto que é altamente inflamável. Quando arremessada, a poção pode incendiar materiais rapidamente, uma vez que esta queima a partir do contato com o ar.

A Poção de Salamandra de Fogo pode ser arremessada contra inimigos. Não precisa de nenhum teste para acertar, já que a poção explode ao fazer contato com o chão e incendeia tudo ao seu redor. Causa 3 de dano contra o alvo e qualquer um.

Em combate com o alvo. Todos os afetados podem reduzir o dano causado para 1 com uma façanha intermediária de Acrobacia. Os alvos que levam 3 de dano no primeiro momento precisam gastar sua próxima ação para cair e apagar o fogo no seu corpo. Senão, levam mais 2 de dano todas as rodadas até apagar o fogo.

Pulseira de Crina de Cavalo-Marinho: esta pequena pulseira é trançada com os fios dourados da crina de um Cavalo-Marinho. É raríssima, mas quem conseguir encontrá-la (ou conseguir os fios da crina de um Cavalo-Marinho e trançá-los), garantirá uma saúde invejável.

O usuário da Pulseira de Crina de Cavalo-Marinho ganha +2 pontos de resistência (até o limite de 15 pontos) e todos os testes envolvendo atividades físicas ganham um bônus de +1. O fato desta pulseira ser feita de fios de ouro e ficar exposta no pulso do usuário pode atrair a atenção de interesseiros e larápios.

Tacape de Pau Ferro: feito da árvore de mesmo nome, este tacape é de madeira clara, medindo quase uma vara de comprimento. Estreito na base e largo e pesado na ponta, cabe muito bem nas mãos do usuário. A árvore recebeu este nome por conta da sua alta resistência, uma característica que repassa para a arma. Destruir este item demanda tempo e força de vontade, primeiro por ser feito de uma madeira incrivelmente resistente e, segundo, pelo fato de ser encantado.

O Tacape de Pau Ferro só pode ser usado por quem possui pelo menos Força física 2 e Armas de golpe 2. Parece comum, mas vale como arma encantada e garante um modificador de +1 em testes de Armas de golpe. Apesar de precisar de apenas uma mão para ser manejado, causa 3 pontos de dano.

Tinta de Guerra: esta tinta preparada pelos pajés é uma honraria para quem luta ao lado deles. Feita de urucum, é usada desde tempos imemoriais pelos nativos para marcar sua pele. Foi por conta desta pintura que os portugueses chamaram durante muito tempo os nativos de "pele vermelha". A Tinta de Guerra é uma versão mágica, voltada para momentos de batalha.

A pintura corporal leva cerca de 30 minutos e deve ser aplicada por um seguidor de Fôlego. Uma vez pintados com a Tinta de Guerra, os personagens adquirem algumas vantagens: +1 de defesa passiva, +1 para todos os testes de ataque e +1 de resistência. Concede seus benefícios por 24 horas, perdendo suas características mágicas depois disso. Cada preparado de Tinta de Guerra é guardado em pequenos potes de barro, ou mesmo em pequenas cabaças, podendo ser usado por até 5 vezes antes de acabar.

Unguento de Mandrágora: a mandrágora é uma planta que não tem sua origem na colônia, já que foi trazida pelos primeiros interessados em alquimia para o Brasil. Ela era chamada de "Maçã do Diabo" pelos árabes que tomaram conhecimento de seus efeitos. O unguento é feito trabalhando a seiva da mandrágora com algum tipo de gordura para dar ao item uma certa cremosidade.

Quando espalhado pelo corpo, o Unguento de Mandrágora concede ao usuário o mesmo poder que o da habilidade *Viagem Espiritual*. A grande vantagem do unguento é que, ao contrário da habilidade, não requer tempo de preparação; o seu ponto negativo é que as criaturas espirituais com as quais o viajante tiver contato poderão se tornar mais agressivas, caso o usuário do unguento não tenha familiaridade com o mundo dos espíritos, como um usuário de Fôlego ou Ifá.

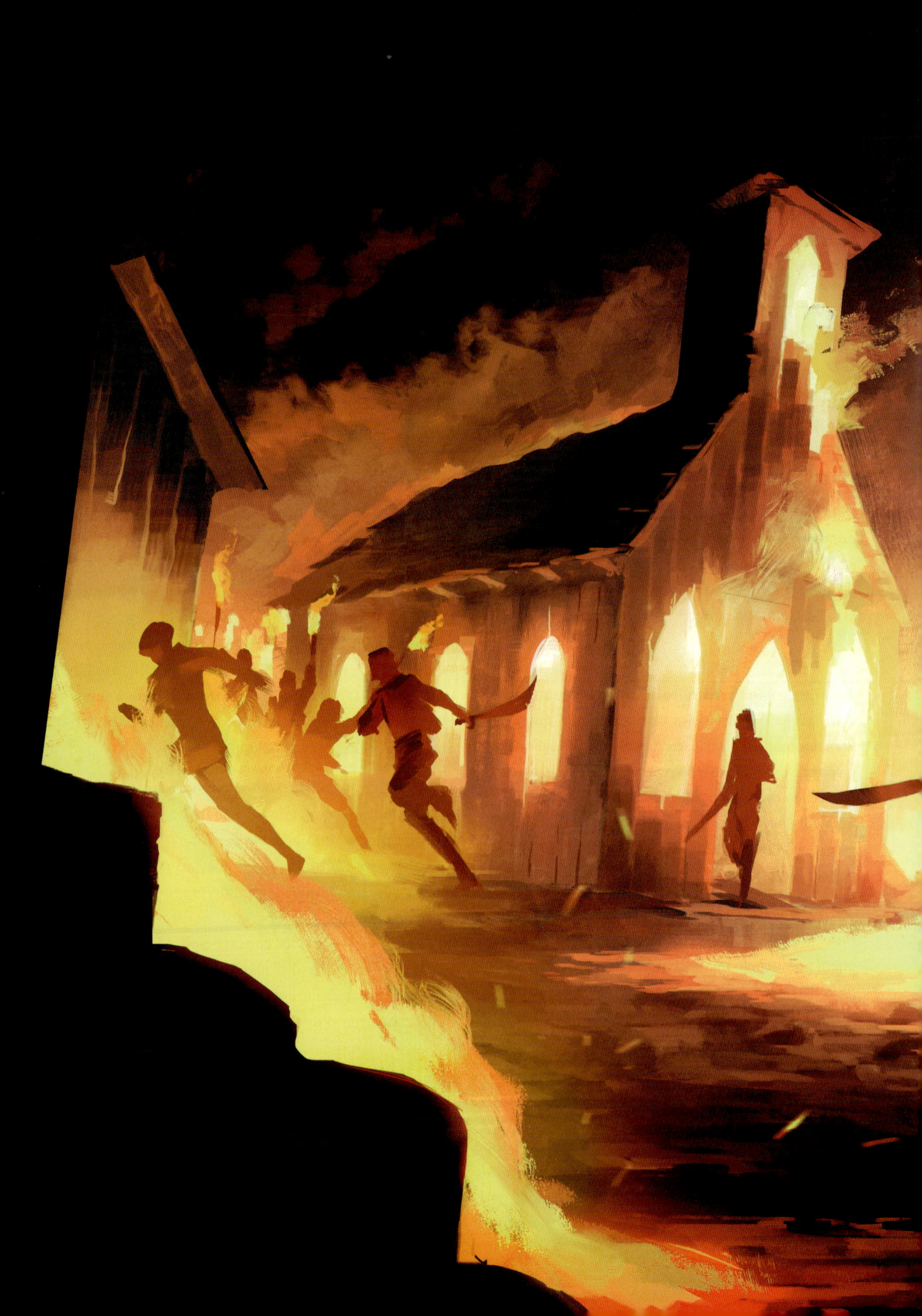

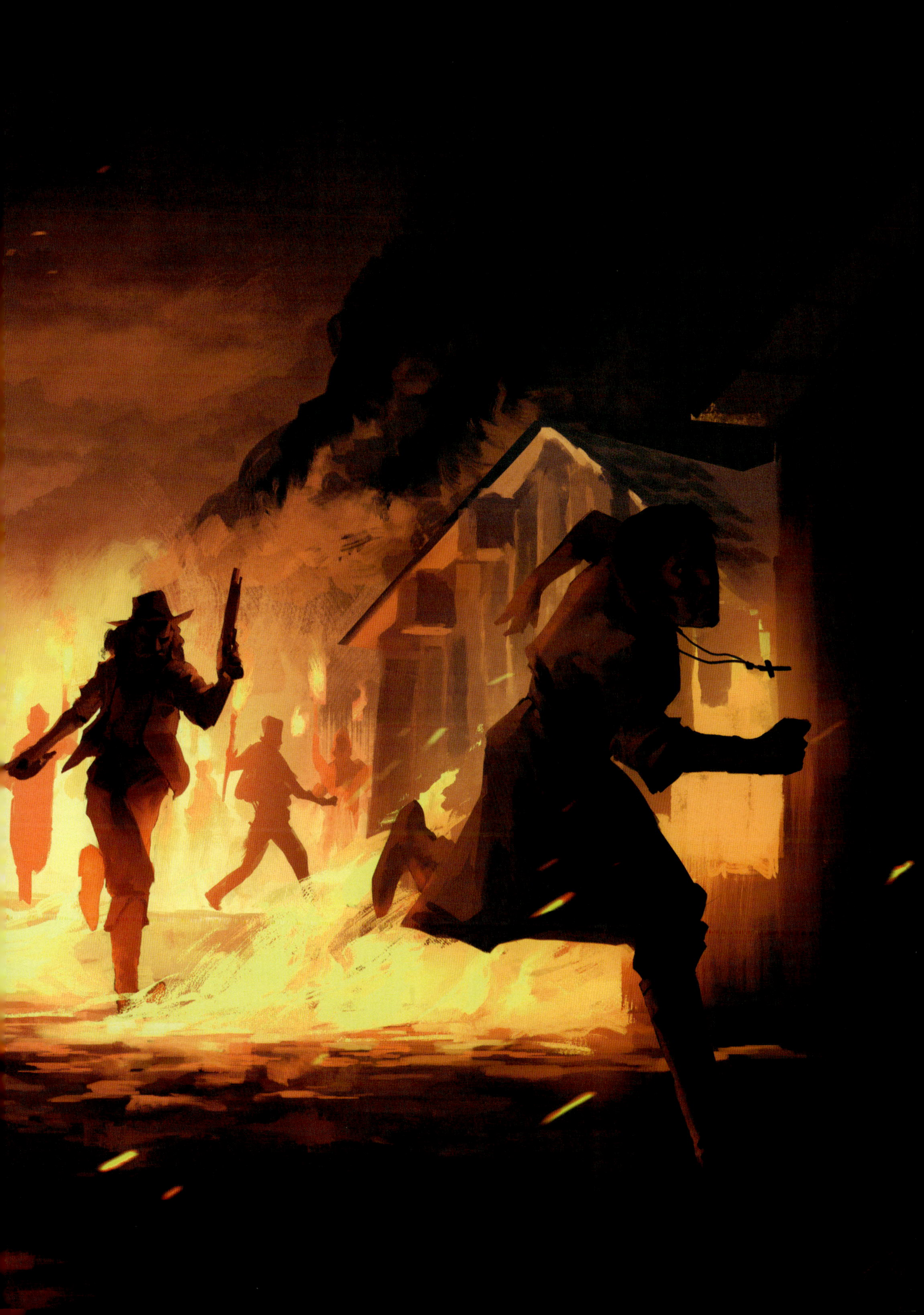

*Das memórias de Iberê e Inaiê,
transcritas por seu companheiro de aventuras, James.*

Inaiê ajoelhou-se e correu os dedos pela relva, averiguando o solo.

– Quantas aventuras vivemos até chegarmos aqui, Iberê? – Disse ela, aproximando a mão do rosto e investigando as gotas do orvalho.

– Viveremos mais uma, por acaso? – Questionou Iberê, admirando os métodos da irmã.

– Talvez –, disse Inaiê, erguendo-se num movimento lento. Respirou fundo, ainda concentrada em sua mão. – Precisamos encontrar a trilha dos outros. Eles não devem estar longe.

– Longe é um conceito relativo dentro da mata –, respondeu Iberê, enquanto examinava a trilha que se abria adiante. – Os sinais somem rapidamente.

– Quem sabe mais uma ou duas luas...

– Eu aposto em uma. – A voz rouca de Trindade ergueu-se atrás deles. O mateiro caboclo surgiu de repente, surpreendendo os dois. Inaiê abriu uma careta de desgosto, mas Trindade não lhe deu atenção. – Vamos, Iberê, me ajude com isso. Temos que encontrar o rastro de Fernão e dos outros antes que suma de uma vez por todas.

4

AVENTURA NA CAPITANIA:
O Resgate da França Antártica!

HISTÓRIA ATÉ ENTÃO: o ano de 1576 não tem sido fácil para o governador Salema. Enquanto prepara uma incursão para retomar a região de Cabo Frio, conquistada por franceses há décadas, ele é atormentado por ataques de tribos indígenas - que desde 1555 não causavam tantos problemas. Os conflitos atrapalham o comércio e a exploração do território da capitania. Navios ingleses e holandeses são vistos pelo litoral, sondando a costa. Os franceses, que já dominaram a parte norte da capitania, atrapalham o desenvolvimento do litoral. Salema pede constantes reforços à Coroa e mantém a paz com algumas tribos indígenas, mas os franceses têm um plano para acabar de uma vez por todas com a presença dos portugueses na região.

PERSONAGENS PRONTOS: para jogar a aventura *O Resgate da França Antártica!*, os participantes podem criar seus próprios personagens ou utilizar estes personagens prontos. Os personagens apresentados aqui são originários da região em que acontece a aventura: alguns da Vila de São Francisco, outros da fazenda de Manuel de Almeida, alguns da aldeia tupinambá vizinha e alguns da região do sertão. Todos têm alguma ligação maior ou menor, o que serve para facilitar um pouco a vida do mediador de primeira viagem. São todos personagens iniciais, com habilidades que se encaixam, e serão úteis no decorrer da aventura. Existem personagens para todos os gostos, desde combatentes até curandeiros e usuários de magia. Caso algum dos participantes opte por criar um personagem religioso, este poderá ser o auxiliar do Padre Amaro, que aparece durante a primeira parte desta aventura.

Adetokumbo: nascido sob os auspícios dos deuses que acompanham seu povo desde a África, Adetokumbo é o mais jovem iniciado nos segredos espirituais de seu povo. Ele domina o folclore e a língua nativa ioruba. Adê é perseverante e diplomático, sempre tentando o diálogo para resolver problemas que possam surgir. Anda sempre junto com Makini, sua guardiã e grande amiga. Adetokumbo e Makini moram numa chácara perto da vila.

Fernão de Almeida: filho mais novo do senhor de terras Manuel de Almeida, este jovem é colérico, audaz e destemido. Seu temperamento causa muitos problemas para seu pai, ainda que possua um bom coração. Fernão tem o senso de justiça daquele que cresceu próximo dos negros nas senzalas e das aldeias indígenas na região, respeitando a todos. Não é muito alto, e tem cabelos e olhos negros. Fernão mora no engenho do seu pai.

Iberê: possivelmente o maior caçador da sua aldeia tupinambá, Iberê é o irmão mais velho de Inaiê. Mantém seu corpo pintado com as marcas de guerra de seu povo, usando apenas uma tanga longa. Iberê utiliza com maestria seu arco e flecha e sabe lutar muito bem com seu tacape. Sendo mais de um pé mais alto que sua irmã, Iberê impressiona com seu corpo esguio e seu olhar distante, quase frio. É um amante da natureza, prometendo defendê-la até o fim. Iberê e Inaiê moram numa pequena aldeia vizinha da vila.

Inaiê: vem sendo treinada pelos pajés de sua aldeia para ser a nova iniciada nas habilidades de fôlego. Conhecedora das lendas de seu povo, Inaiê é uma jovem leal e muito imaginativa. Confia cegamente em seu irmão, Iberê. Contudo, nenhuma dessas características costumam atrapalhar sua evolução.

José Trindade: mestiço filho de português com indígena, José é o irmão caçula de João Trindade, que acabou virando seu tutor. Já é tão bom rastreador quanto o irmão e, assim como ele, também não usa armas de fogo, preferindo lanças e arco e flecha. É muito agitado, não parando quieto um momento sequer. É bastante franco e honesto, falando sem pensar, principalmente pela falta de convívio com outras pessoas. José só quer provar para seu irmão que pode ser tão bom quanto ele. José mora com a sua família numa casa perto da vila.

Makini: desde o início do desenvolvimento espiritual de Adetokumbo, ainda criança, Makini foi apontada como a guardiã dele. Considerada a mais habilidosa guerreira de seu povo, é alta e forte como poucos homens são. Silenciosa e serena, Makini fala claramente com uma sabedoria que vem de gerações.

James Cranmer: um inglês que veio para o Brasil em busca de riquezas a serem reportadas à Coroa inglesa, James Cranmer se apaixonou pelo lugar e não pensa mais em voltar para sua terra natal. Se no início estranhava os hábitos dos nativos e portugueses, sete anos depois James já fala português e até mesmo um pouco de tupi. É muito alto, com cabelos loiros compridos e olhos azuis. Já não tem mais a seriedade dos soldados. Adora a aguardente de cana e pode ser visto sempre pelas casas de bebidas da região contando causos e aventuras.

Caso os participantes resolvam jogar com os personagens prontos deste livro, a casa de James (descrita no local 10 na Vila de São Francisco) pode ser um bom ponto de partida para a aventura. Os outros personagens, todos mais jovens, consideram James um "tio" e frequentam a casa dele sempre que visitam a vila para ouvir suas histórias de outras terras e de aventuras. As fichas destes personagens podem ser encontradas a partir da página 81.

> Nota aos participantes: daqui em diante é aconselhável que só o mediador leia para não estragar a sua prática!

RESUMO DA AVENTURA: a aventura se inicia num pequeno vilarejo no caminho para o sul da Capitania. Os participantes são jogados em meio a uma invasão de franceses, que buscam o Coração do Pai do Mato, um artefato indígena capaz de trazer à vida o gigante adormecido. Os franceses pretendem revitalizar o gigante para destruir os portugueses e assim realizar seu sonho de dominar todo o Atlântico Sul, a partir da Capitania Real do Rio de Janeiro. Os participantes devem impedir que os franceses encontrem o artefato, senão a frágil dominação lusitana na região acabará de vez.

PANO DE FUNDO: centenas de anos no passado, os povos nativos da região precisaram fazer uma trégua nos conflitos pela posse do território em prol de uma causa comum: deter o Pai do Mato. O poderoso Ibimonguira havia despertado e ameaçava a existência de todos. Os pajés, sem forças para destruir o poderoso ser, descobriram uma forma de fazê-lo adormecer. Os tempos de paz que surgiram foram bons para os povos, que viveram pacificamente por um longo período. Hoje, séculos depois, invasores franceses descobriram o poder do Pai do Mato e pretendem usá-lo para assegurar seus interesses na região, expulsando em definitivo o inimigo português.

PRÓLOGO: o mediador pode começar o prólogo da aventura com personagens criados pelos participantes, ou com os personagens prontos mostrados anteriormente. Deve apresentar a Vila de São Francisco e fazer os participantes interagirem com os personagens da região e aproveitar ganchos para introduzir os personagens dos participantes. Se optarem por usar os prontos, todos os personagens já se conhecem da região. Este primeiro momento será o dia do ataque francês à

Vila de São Francisco, mas eles ainda não sabem o que o futuro lhes reserva (a não ser que façam uso de *Visão Divina*.).

PARTE 1: A VILA DE SÃO FRANCISCO

A aventura se inicia com os personagens na Vila de São Francisco, um pequeno povoamento nas proximidades do litoral que vem crescendo na última década por conta das ações de Manuel de Almeida, o primeiro sesmeiro da região. Manuel não teve problemas até o momento; as aldeias indígenas nunca invadiram seu território, e as guerras intertribais não afetaram o povo da região.

Permita que os participantes interajam com a vila e com os personagens locais e, se possível, uns com os outros. Como introdução, leia a caixa de texto abaixo:

> A Vila de São Francisco é uma das várias áreas de povoamento que se espalharam pelo litoral da Capitania Real do Rio de Janeiro, embora nunca tenha sido alvo do interesse político da capital. Distante quase 30 léguas (mais de 150 quilômetros) da Cidade de São Sebastião do Rio de Janeiro, em muitos momentos conta mais com a própria sorte do que com a ajuda dos "bons homens da capitania". Se, por um lado, a falta de atenção do Governador-Geral acaba sendo um aspecto negativo, por outro, garante aos moradores a tranquilidade necessária para viverem suas vidas pacificamente.
>
> Com a criação do Engenho de São Francisco, uma pequena comunidade com cerca de vinte casas se assentou ao redor do arraial. O povo vive basicamente de duas formas: a primeira, arrendando terras ou trabalhando no pequeno engenho de Manuel de Almeida, sesmeiro na região desde 1565, e a segunda é a pesca, devido à proximidade com o litoral e ao grande potencial da região. A comunidade conta ainda com duas fazendas (São Matheus e São Carlos) que produzem gêneros alimentícios para a região; o armazém local que põe estes produtos à venda; uma ferraria que produz pequenos itens de metal para o dia a dia, e um alfaiate. A vida religiosa gira em torno da Igreja de São Francisco, liderada pelo Padre Amaro Leme, que também atua na conversão de indígenas da região.
>
> Mesmo cercada por nativos que vivem escondidos nos sertões, nunca ocorreram problemas na Vila de São Francisco. Não há sequer invasores estrangeiros, exceção feita ao inglês que apareceu há três anos e presta pequenos serviços esporádicos para Manuel de Almeida e outros homens da região. Com o passar dos anos, navios de bandeiras estranhas começaram a ser vistos no horizonte, mas nunca afetaram a paz dos moradores locais, que continuam vivendo do plantio da cana-de-açúcar e da pesca, que garante os recursos de boa parte da população.

Neste ponto, incentive seus participantes:

- A apresentarem seus personagens, se ainda não o tiverem feito.

- Pergunte quais são os ganchos entre eles, e permita que criem tais elementos.

- Apresente-os e deixe-os decidir onde estarão na vila quando começar a narrativa.

A Vila de São Francisco

Engenho de São Francisco

Vila de Santo Antônio

Praia de São Francisco

1
2
3
4
5
6
8
9
10
A

LUGARES IMPORTANTES

Todos os lugares apresentados abaixo podem ter ganchos explorados pelo mediador. Como veremos adiante, cada local terá uma ou mais pessoas que poderão ser utilizadas para interações com os personagens dos participantes, além de poderem servir aos personagens com suas aptidões. O mediador pode se sentir à vontade para usar os espaços em branco, ampliando o uso dessa vila para esta ou outras aventuras na região.

1. Igreja de São Francisco: a pequena capela de São Francisco das Águas Claras foi erguida dentro das terras de Manuel de Almeida. Posteriormente, o sesmeiro solicitou que a construção de uma igreja maior fosse feita no pequeno vilarejo que se anunciava. O terreno ao redor da igreja compõe o cemitério público regional, e conta ainda com uma pequena construção que serve como sala de aula para a conversão dos nativos e aulas de catequese. A igreja é liderada pelo Padre Amaro Leme. Padre Amaro não possui poderes de cura, mas pode usar qualquer outro poder de Fé ao seu alcance para ajudar os necessitados.

PADRE AMARO LEME (50 IDADE): *Caloroso, Generoso e Prudente*. O Padre Amaro chegou à região há oito anos, vindo de Portugal, e rapidamente conquistou a amizade dos moradores do pequeno vilarejo. Também cuida do processo de conversão de alguns poucos nativos na região.

Canoagem 1, Folclore 2, Culinária 1, Poesia 1, Vocal 2, Escriba 2, Humanidades 2, Medicina 1, Teologia 2, Português 2, Latim 2, Francês 2, Tupi 2, Guarani 2, Fé 2, Proteção contra o mal 2, Profecia 2, Acontecimentos milagrosos 2, Benção 2.

2. Arraial: o arraial é a área que funciona como praça pública para os moradores da vila. Algumas barracas são postas ali, vendendo produtos de pequenas plantações da região. No centro, um poste serve como ponto de punição de criminosos, mas seu uso mais costumeiro é a fixação de anúncios locais.

3. Armazém Silveira: este armazém estoca a produção das fazendas locais - São Matheus e São Carlos - que pertencem aos irmãos José e João Silveira. Mensalmente, eles levam uma comitiva para a cidade de São Sebastião do Rio de Janeiro para vender sua produção de gêneros alimentícios e tabaco. Essa comitiva aproveita para trazer novos gêneros para a vila. No armazém, os personagens têm uma chance em 3 (1 ou 2 em uma jogada de dado) de encontrar itens comuns. Devido à dificuldade de se adquirir os bens (veja abaixo), os irmãos costumam vender por um preço 100% mais alto do que os preços de referência listados no livro *A Bandeira do Elefante e da Arara - Livro de Interpretação de Papéis*. Uma façanha difícil de Barganha pode reduzir o valor em até 50% a mais do preço em questão. Por exemplo, uma pá (preço referência: 120 réis) seria vendida por 240 réis no preço normal, ou por 180 réis com uma façanha difícil de Barganha. Este teste deve ser feito para cada item que os participantes desejem negociar. Itens que os irmãos não possuem no armazém podem ser encomendados para aquisição na sua próxima visita à cidade. Os alimentos produzidos nas fazendas - entre eles, feijão, farinha de mandioca, batata doce e laranjas - podem ser comprados pela metade do preço na lista de referência. Destes produtos, é possível comprar comida suficiente para alimentar uma pessoa por uma semana por 80 réis. O jovem Altair é o funcionário que atende os consumidores locais.

> Gancho: José e João Silveira uma vez por mês contratam homens da região para acompanhá-los na comitiva que vai à cidade do Rio de Janeiro. Mas não é um simples passeio a cavalo em direção à capital, são 30 léguas (165 quilômetros) repletos de possíveis ataques indígenas e criaturas que costumam fazer emboscadas nas cercanias da cidade. O pagamento não é ruim. Aqueles que comprovarem habilidade Militar conseguem ganhar 160 réis de diária, mais a alimentação. Aqueles que souberem usar uma arma, mas não conseguirem comprovar o seu treinamento,

poderão ganhar até 100 réis de diária, mais alimentação. Essa viagem de ida e volta geralmente leva uma semana, num total de 1.120 réis para um soldado e 700 réis para alguém destemido.

4. Venda do Diogo: a venda do português Diogo Duarte serve a todos na região. Local de respeito, é um dos pontos onde os personagens podem conseguir todo tipo de informação, devido aos bons ouvidos do proprietário. É um dos lugares mais frequentados na vila, servindo pratos feitos e bebidas, em especial o vinho, que tem a venda facilitada pela isenção de impostos da Coroa. Também serve cerveja local e aguardente produzida no engenho de Manuel de Almeida, que, ao contrário do vinho, vem sobretaxada, para desagrado dos produtores locais. Uma refeição completa com bebida sai por 15 réis, e vem sempre muito bem servida.

Diogo possui poucos itens genéricos em estoque (apenas 1 chance em 6 do personagem encontrar o que está procurando), mas ele cvende os produtos mais em conta do que o Armazém Silveira (apenas 50% acima dos preços de referência), o que acaba gerando algum tipo de falatório entre eles. Como a comunidade não é muito grande, o comércio local é importante para se manter.

Gancho: Diogo é comerciante e um fofoqueiro de primeira. Mas não é um fofoqueiro qualquer, ele costuma cobrar caro para destilar sutilmente suas informações. Ele pode saber os motivos de dona Isabel ser tão calada, como também pode saber algo do passado do Padre Amaro Leme. Não é bem visto por Dom Manuel, o sesmeiro da região, mas Diogo se mantém firme, sempre muito observador. O mediador pode usar Diogo como uma fonte de aventuras bastante dinâmica na região.

5. Ferraria: pertencente a Antônio Cerqueira, esta ferraria produz pequenos utensílios de metal, como ferraduras para cavalos e jumentos que levam as cargas da região. Antônio é um ferreiro renomado que preferiu viver de maneira modesta do que próximo da confusão política da cidade do Rio de Janeiro, que cresce mais a cada dia. Seu conhecimento em metais pode ser útil aos personagens.

Vários itens são vendidos na ferraria. Antônio destaca especialmente os seus capacetes, avisando que um bom capacete pode ser a diferença entre a vida e a morte nas perigosas selvas. São capacetes normais, oferecendo +1 na defesa passiva; ele possui cinco em estoque. Antônio não gosta de perder clientes, por isso, com um teste fácil de Barganha, os personagens podem conseguir um desconto de 10% em todos os itens da loja.

ITEM	PREÇO
FERRARIA	
Adaga	250
Espada de lâmina larga	900
Capacete de ferro	1000
Ferradura	200 (com aplicação)
Ferro	50 / arrátel (130 / kg)
Prego	400 / quinhentas unidades
Cinzel	100
Martelo de ferreiro	400
Machete	120

Antônio Cerqueira já saiu em algumas entradas em busca de metais preciosos. A quantidade de mortes que viu nos sertões brasileiros o afastou das aventuras, mas, se os personagens descobrirem algo realmente importante, ele pode ser convencido a ir junto para identificar um determinado veio de metal.

6. Serviços Gerais: Guiomar e José Silva são casados e moram na vila desde a sua fundação. Inicialmente, trabalhavam na fazenda de Manuel de Almeida, mas por conta da idade optaram por trabalhar menos e viver em paz os últimos anos de suas vidas. Idosos, mas muito habilidosos, Guiomar é a principal costureira da região, e José trabalha a madeira como poucos, capaz de, com um pouco de paciência, criar verdadeiras obras de arte.

7. Salgueiro: outro Diogo, mas dessa vez é Diogo Silva. Filho de Guiomar e José Silva, e casado com dona Isabel, Diogo é o salgueiro da região. Vive com um avental de couro cheio de marcas de sangue e um cutelo afiado que o torna um tanto quanto assustador. Sua função é preparar a carne que será consumida e vendê-la. Tem um curral onde cria alguns porcos para vender a carne. Os jogadores podem adquirir carne de porco e bacon suficientes para alimentar uma pessoa por uma semana por 160 réis. Sua bela esposa, dona Isabel, era moradora na Vila de Santo Antônio e pouco se sabe sobre ela.

> Gancho: dona Isabel guarda alguns segredos. Suas habilidades e sua fé permitem que ela consiga *Prever o mal* e *Afastar o mal*. Por conta desse dom, dona Isabel sempre evitou ao máximo que seu segredo fosse compartilhado com pessoas de fora de sua família. Quando seu pai arranjou seu casamento, foi a oportunidade perfeita para sair das vistas da comunidade, que desconfiava de algo estranho com a bela jovem. Diogo Silva conhece o segredo e pretende defendê-la até o fim, inclusive contra os jogadores. Contudo, se eles ganharem a confiança dele, Diogo pode pedir ajuda para solucionar a questão, contanto que guardem o segredo.

8. Armazém dos Pescadores: este grande armazém estoca as ferramentas dos pescadores da vila. Redes, canoas, material para reparos e caixas estão espalhados mais do lado de fora do que dentro do armazém. Também é possível ver pescadores nas proximidades.

O armazém dos pescadores é um local bem protegido. Os pescadores da região têm muito zelo por seus equipamentos de trabalho, afinal, são estes que garantem a sobrevivência de todos que trabalham fora das terras produtivas da região.

9. Posto da Guarda: trata-se de um minúsculo destacamento da guarda enviado pelo Governador-Geral para cuidar da segurança local. São apenas 3 guardas para toda a vila. João, Joaquim e Luís são três portugueses que vieram para o Brasil há poucos anos, em busca de aventura. Todavia, são beberrões demais para se aventurarem. Conseguiram arrumar uma vila tão tranquila que conseguem fazer uso de toda a sua valentia bebendo até a última gota de vinho e aguardente na Taverna de Diogo Duarte. Além de beber, seus maiores feitos incluem conversar com qualquer um e jogar muito baralho.

Apesar de tudo, eles têm boa vontade em ajudar, ainda que topar com nativos ou criaturas da mata lhes cause um frio na espinha. Os três possuem adaga, alfanje e uma pistola para apartarem os conflitos na vila. O Posto da Guarda tem apenas um detento que pouco fala quando interpelado pelos oficiais. Dizem eles que esse prisioneiro tem um sotaque estranho, provavelmente francês.

GUARDAS - Ataques físicos: Armas de fogo 2 (arquebus - dano 3), Armas de corte: 1 (faca - dano 1), Resistência: 10, Defesa passiva: 0, Defesa ativa: 1.

10. Casa de James: uma pequena choupana mal cuidada é a residência de James Cranmer, conhecido na região como "O Inglês". Ele é muito alto para os padrões locais e é relativamente bem quisto na região. James conseguiu até mesmo contato com indígenas, tendo aprendido um pouco de seu idioma. Atua como mercenário contratado para pequenos serviços. Atualmente espera a oportunidade de ingressar em alguma bandeira ou entrada para ganhar mais dinheiro para ficar no Brasil e não precisar mais voltar para sua chuvosa Inglaterra.

Nesse primeiro momento, permita que os participantes conheçam a vila. Caso criem novos personagens, apresente-os como tropeiros em busca de trabalho junto às fazendas locais ou ao engenho de cana. Personagens nativos podem ter começado o processo de conversão com o Padre Amaro, ou simplesmente vender pele ou carne de animais. Personagens negros e mestiços podem ser moradores da região e trabalhadores locais como quaisquer outros. Esse primeiro contato com a história da vila e o mapa ajudarão os participantes a sentir que seus personagens pertencem ao lugar e que eles fazem parte da engrenagem da história local.

Mais para o final da tarde, quando os personagens estão zanzando pela vila, enxergam de longe o Padre Amaro conversando com um homem de barba vermelha triangular e vestido com uma roupa azul berrante. Os dois trocam palavras ásperas, e o homem de azul vira e sai pela trilha que leva para as florestas.

Se os personagens perguntarem sobre o homem ao Padre Amaro, ele irá desconversar, afirmando que não se trata de nada importante, e indagando se pode ajudar os personagens de alguma forma. Se os personagens tentarem seguir o homem, não irão encontrar mais os rastros dele ao deixar a vila, nem mesmo com teste de Rastreamento. Ninguém mais da vila testemunhou a conversa e não sabem nada a respeito do assunto.

Depois disso, os personagens devem continuar suas andanças pela vila. Permita que eles joguem baralho na taverna, ouçam histórias dos moradores locais e atuem livremente até anoitecer, quando devem encontrar um lugar para dormir. James Cranmer deve oferecer o uso da sua casa para este propósito.

PARTE 2: O ATAQUE À VILA

No final da madrugada, quase ao amanhecer, os personagens são acordados de forma brusca:

> Explosões! Tiros e gritos ecoam por toda a parte! Os personagens despertam em meio a berros que vêm das casas ao redor, como se uma praga estivesse caindo sobre a Vila de São Francisco das Águas Claras! No outro lado da vila, vocês percebem uma correria. Também há fumaça, como se algumas casas estivessem queimando. Estoura outra explosão, desta vez mais próxima. Alguém na vila soa o alarme, chamando a ajuda de Manuel de Almeida e seus homens.
>
> É o momento de perguntar: o que os personagens farão?

Vinte e cinco homens armados com espadas e tochas atacam o vilarejo em meio a gritos e gargalhadas. Os invasores chegam a partir do ponto marcado "A" no mapa, incendiando casas e disparando suas pistolas. Os guardas correm em direção ao arraial para tentar enxotar os agressores. Os três soldados (Armas de Corte 1, Armas de Fogo 1), formam um foco de resistência ao lado do armazém (ponto 3).

INVASORES - Ataques físicos: Armas de fogo 2 (arcabuz - dano 2), Armas de corte 1 (alfanje - dano 2), Resistência: 10, Defesa passiva: 1 (gibão d'armas), Defesa ativa: 2.

Um dos homens é nitidamente o líder, o tenente Montesquieu. É o homem de roupa azul e barba vermelha triangular e roupa azul que os personagens viram discutindo com Padre Amaro. É um inimigo formidável, que deve causar bastante dor de cabeça para os personagens. Vai ser a "cara" dos franceses nesta aventura, e o mediador deve dar destaque ao seu papel. No momento do ataque, ele fica atrás dos soldados, gritando ordens aos demais.

TENENTE MONTESQUIEU (IDADE: 37). - Possui um par de pistolas excepcionais (+1 nos testes de Armas de fogo, dano 2), uma espada fina (+1 nos testes de Armas de corte, dano 2), um capacete normal e um gibão d'armas encantado (+3 na defesa passiva), dando uma Defesa passiva de 4 e Defesa ativa de 5 (valor máximo). Também possui duas poções de Curar feridas.

Quando os participantes tomarem a iniciativa da ação, os invasores já terão invadido a igreja. O Padre Amaro está caído no meio do arraial, próximo ao poste, banhado em sangue. Os oficiais do posto da guarda já derrubaram dois dos invasores, mas os três estão feridos. Neste momento, a igreja começa a pegar fogo.

Os personagens podem usar as casas ou as árvores que ainda não estão em chamas para se proteger. Devem decidir rapidamente ajudar os guardas na defesa do vilarejo contra os invasores ou fugir. Ainda restam vinte e três invasores, que respondem a qualquer ataque dos personagens. Os personagens concluem que o líder deles, o tenente Montesquieu, está organizando a tropa com bastante eficiência. Também deve ficar claro que o oficial marca a presença dos jogadores. Caso ele sofra algum dano significativo durante a batalha, toma uma de suas poções e desaparece mata adentro com seus homens.

Se os personagens se aproximarem dos guardas, estes dizem para aguentar firme, que a ajuda deve chegar em breve.

> Dicas para o combate: certos grupos adoram confrontos contra muitos adversários. Da mesma forma, outros grupos preferem jogos de interpretação. A primeira dica para o mediador é identificar para que grupo está narrando a história para o melhor aproveitamento do combate.

Após quatro rodadas de combate, a pequena tropa de Manuel de Almeida, liderada pelo próprio, chega de seu engenho. Doze homens armados com pistolas e espadas dão uma primeira salva de tiros. O tenente Montesquieu ordena imediatamente uma retirada, e os invasores embrenham-se na mata. Eles deixam para trás quatro companheiros tombados em combate (além daqueles que os personagens conseguiram subjugar).

Dom Manuel decide não perseguir os invasores, preferindo auxiliar a vila. Muitas das casas estão queimando e há muitas pessoas feridas. Ele pede que os personagens ajudem como puderem, seja cuidando dos os feridos ou apagando o incêndio. Os guardas levam os invasores inconscientes sob sua custódia. O Padre Amaro Leme jaz morto no arraial, ensanguentado.

Se os personagens começarem a perguntar sobre o ataque, as pessoas comentam que ouviram os invasores falando em francês. Ninguém da vila sabe por que os franceses iriam querer matar o padre, uma pessoa tão querida. Os franceses tombados são levados pela guarda para o posto. Estes se encontram inconscientes, mas se os personagens já sabem do detento francês no Posto da Guarda, eles podem interrogá-lo. Neste caso, ele dirá com um riso pleno, "Finalmente vieram? Isso significa que é o seu fim!". Ele não sabe muito mais que isso, só que seu comandante tem um plano para acabar com os portugueses para sempre..

Após uma hora, a situação já está sob controle de novo. Então aparece na vila João Trindade (veja descrição abaixo), irmão de José. Os personagens o veem se aproximar de Manuel de Almeida e trocar umas palavras com o sesmeiro. No final da conversa, Dom Manuel exclama, "Não está vendo que tenho uma vila a salvar aqui? Não tenho tempo para correr atrás de lendas!" e vai embora. Trindade olha ao redor e vê o grupo. Imediatamente, se aproxima deles.

JOÃO TRINDADE "ÇAETÉ" (IDADE: 25). *Solitário, Franco e Melancólico.* Trindade também é conhecido como Çaeté (olhos sinceros). Caboclo que vive nos limites da Vila de São Francisco, filho de uma portuguesa com o antigo líder indígena da aldeia de Guaraçu, João nunca se adaptou a nenhuma das duas vidas. Por isso, vive entre esses povos, buscando algum equilíbrio na sua natureza dividida. João é baixo, não medindo mais que uma vara e meia (1 metro e sessenta) de altura, sua pele é morena e ele tem e olhos e cabelos compridos negros,, cobertos por um chapéu de abas largas. Apesar de se vestir como um português, Trindade usa apenas armas nativas. É excelente caçador e rastreador.

Corrida 2, Armadilhas 2, Comida Silvestre 2, Escalada 1, Folclore 2, Medicina Natural 2, Rastreamento 3, Armas de arremesso 2, Armas de Corte 1, Arqueria 2, Português 1, Tupi 1.

Se o grupo tiver José entre seus membros, Trindade cumprimenta primeiro seu irmão com um abraço, depois cumprimenta os outros. Neste momento, fale um pouco do que os personagens sabem sobre Trindade, usando a descrição acima. No caso dos participantes não terem usado os personagens pré-existentes, avise que eles conhecem Trindade de longa data, e é um homem de total confiança entre eles.

Com seu jeito silencioso e arredio, Trindade avisa que foi enviado até a vila a pedido do pajé da aldeia de Guaraçu:

1. O pajé estava na casa de Trindade quando teve a visão de uma relíquia poderosa que pode significar o fim de todos. Mandou Trindade buscar ajuda imediatamente na Vila de São Francisco, enquanto ele voltava para sua aldeia também em busca de auxílio;

2. O pajé disse para Trindade transmitir ao Padre Amaro a localização desta relíquia, mas o religioso tinha morrido;

3. Na conversa que os personagens testemunharam, Trindade pediu a ajuda de Dom Manuel, mas este se recusou, por não considerar a visão do pajé prioridade. Prometeu investigar o caso mais tarde, após a reconstrução da vila;

4. O pajé voltou para sua aldeia para pedir ajuda a seus guerreiros, mas vai demorar pelo menos um dia para chegar à vila, e Trindade acha que eles não têm tempo para esperar, já que os franceses devem ter conseguido tirar a informação que queriam do padre. O caboclo quer agir imediatamente, e está disposto a fazer qualquer coisa para que a relíquia não caia nas mãos erradas.

Se o grupo perguntar na vila sobre a relíquia, ninguém sabe dizer nada a respeito, mas quem conhecia bem o Padre Amaro diz que ele conversava frequentemente com o Padre Cláudio Moraes, na Vila de Santo Antônio, localizada a horas ao norte. Se o grupo procurar pistas na igreja, encontrará uma carta recente do Padre Cláudio que, entre assuntos mais banais, menciona, "Descobri algumas novidades sobre a relíquia. Posso lhe contar mais detalhes na sua próxima visita."

Toda e qualquer investigação que fizerem deve apontar para a Vila de Santo Antônio. Trindade insiste em sair o mais rápido possível. Ele conhece um atalho para chegar até a vila.

Caso os personagens conversem com Manuel de Almeida antes de partir e contem com a presença do filho dele, Fernão, no grupo, Manuel oferecerá dois de seus soldados para acompanhá-los e atuar como guarda-costas. Em outros casos, o grupo pode usar um teste intermediário de Persuasão para convencê-lo a emprestar o mesmo número de soldados para sua empreitada.

SOLDADOS - Ataques físicos: Armas de fogo 1 (arcabuz - dano 3), Armas de corte 1 (espada curta - dano 2), Resistência: 8 (atual) 10 (máxima), Defesa passiva: 1 (gibão d'armas), Defesa ativa: 2

Durante a caminhada, Trindade pode oferecer algumas informações sobre a Vila de Santo Antônio e seus residentes (conforme a parte 3, abaixo).

PARTE 3: A CORRIDA ATÉ SANTO ANTÔNIO

O percurso até a Vila de Santo Antônio pelo atalho de Trindade não é tranquilo. Por ser um caminho menos utilizado, animais selvagens e até mesmo criaturas sobrenaturais podem aparecer por ali. Depois de algum tempo na rota até a vila, os personagens encontram um pequeno e agressivo bando de porcos selvagens, conhecidos como Caititus. O número de filhotes é grande, mas o número de adultos é reduzido, são apenas 3. Neste caso, a estratégia desses animais é simples: um adulto fica com os filhotes para protegê-los, enquanto os outros dois caititus atacam os personagens com extrema ferocidade.

CAITITU (NORMAL)
Tamanho: F
Velocidade: 3
Habitat: todo território.
Ataques físicos: Golpear 2 com as presas (dano 1) ou Morder 1 (dano 2)
Resistência: 6
Defesa passiva: 1
Defesa ativa: 3

Se um caititu chegar a 5 pontos de resistência ou menos, ele fugirá. Trindade incentivará os personagens a deixar que os animais fujam, visto que ninguém precisa comer agora, e a natureza do caititu é atacar para defender seu bando.

Logo após esta batalha, um dos personagens vislumbra um vulto observando o grupo de uma árvore. Se decidirem se aproximar, percebem que se trata de um menino, que some misteriosamente deixando apenas o cheiro de tabaco no ar. Ao ver isso, Trindade diz, "Malditos Sacis!" e cospe no chão.

O percurso da trilha até a Vila de Santo Antônio ocorre sem maiores problemas. Ao longe, os personagens avistam matilhas de caititus e outras coisas mais sombrias andando por ali, mas Trindade saberá como evitar essas criaturas para o grupo não perder mais tempo para alcançar seu objetivo. No total, a caminhada dura aproximadamente três horas.

PARTE 4: A VILA DE SANTO ANTÔNIO

A Vila de Santo Antônio é um lugarejo pequeno que cresceu nas imediações de uma igreja de mesmo nome. A formação de um arraial modesto e desorganizado nunca impediu que a comunidade se desenvolvesse, embora menos que sua vizinha, a Vila de São Francisco. Este vilarejo surgiu originalmente como iniciativa para converter os indígenas por estar próximo de algumas aldeias. Mas o plano não vingou e uma epidemia matou os padres que fundaram a vila, restando apenas o Padre Cláudio de Moraes. Com o passar do tempo, o esquema mudou. As terras que os religiosos receberam para

A Vila de Santo Amaro

Aldeia Guaraçu

a conversão foram divididas com as pessoas que estavam interessadas em morar ali. Uma pequena comunidade foi se formando às margens do rio Frio, e começou a prosperar. Hoje, a vila tem um número considerável de casas e praticamente todos produzem alguma coisa. Esse povoamento também tem alguns serviços para seu sustento além de contar com um pequeno posto da guarda.

LUGARES IMPORTANTES

1. Igreja de Santo Antônio do Rio Frio: a modesta construção dispões apenas de um pequeno altar com uma imagem de Santo Antônio e alguns bancos corridos para os visitantes. No canto esquerdo, um minúsculo cômodo faz as vezes de sacristia e quarto para o sacerdote. O Padre Cláudio poderá ajudar o grupo com informações, alimentação, e até mesmo seus poderes, se os personagens apresentarem ferimentos. A principal motivação do Padre Cláudio neste momento é de que os personagens não permitam que os franceses tomem posse do que procuram, o Coração do Ibimonguira (mais informações no final deste tópico).

PADRE CLÁUDIO DE MORAES (IDADE: 52). *Franco, Perseverante e Caloroso*. O Padre Amaro é português e chegou ao vilarejo há oito anos, rapidamente conquistando a amizade dos moradores. Também participa do processo de conversão de um punhado de índios locais.

Canoagem 1, Folclore 2, Oratória 1, Sapataria 1, Poesia 1, Vocal 2, Escriba 2, Medicina 2, Teologia 2, Português 1, Latim 2, Espanhol 2, Tupi 1, Guarani 1, Fé 3, Proteção contra o mal 2, Recuperação 1, Acontecimentos milagrosos 1, Benção 2.

2. Choupana do Mateiro: esta pequena choupana encontra-se praticamente escondida entre os arvoredos, do lado mais afastado da vila. O Mateiro, como é conhecido o mazombo Tomé de Andrade, vive na região desde a fundação da vila. Foi ele quem ajudou o Padre Cláudio a sobreviver, embora tenha chegado tarde demais para salvar os outros. O religioso tem uma dívida de vida com o mateiro, e é por isso que não se intromete nos hábitos dele. Tomé é falante e animado, exceto diante de problemas.

TOMÉ DE ANDRADE (IDADE: 45). *Sociável, Divertido e Prudente*. Apesar de seu passado conturbado, Tomé é alegre e sociável. Filho de um português com uma índia, seu pai morreu quando ainda era jovem, e ele acabou vivendo na aldeia de sua mãe. Aprendeu o suficiente e saiu da aldeia para ganhar a vida. Grande rastreador e caçador, Tomé é um dos melhores mateiros da Capitania do Rio de Janeiro.

Corrida 2, Força Física 1, Medicina de Campo 1, Armadilhas 2, Canoagem 1, Comida Silvestre 2, Escalada 2, Folclore 2, Medicina Natural 3, Rastreamento 3, Armas de arremesso 3, Armas de Fogo 1, Armas de Golpe 2, Arqueria 2, Português 1, Tupi 1.

Quando os personagens chegam até a choupana, Tomé está sentado em sua varanda, brincando com três dados enquanto seu velho cão o observa. Quando percebe a aproximação de Trindade, que aprendeu quase tudo com ele, Tomé se levantará, desconfiando que algo de muito ruim está para acontecer. Tomé abraçará Trindade e seu irmão José, caso algum dos participantes tenha escolhido este personagem para jogar. Se o grupo decidir em algum momento convidar Tomé para ajudar na sua aventura, um teste intermediário de Persuação seria suficiente para convencê-lo.

3. A Casa da Curva: esta estalagem e casa de bebidas pertence à dona Esméria Silveira, moradora da região há poucos anos. Dona Esméria não é muito bem vista por alguns membros da comunidade por conta de seu humor sempre amargo, mas, quanto à sua comida, todos concordam que é deliciosa. Além disso, são servidas várias bebidas feitas pela própria Esméria e sua ajudante, dona Anita, uma africana liberta de sorriso fácil e mãos muito habilidosas. Também existem dois cômodos que costumeiramente são utilizados como quartos para viajantes que ganham a confiança de dona Esméria.

Dizem as línguas soltas da vila que dona Esméria era muito rica e morava na cidade de São Sebastião do Rio de Janeiro. Na ocasião do falecimento de seu marido, um advogado falsificou certos documentos e lhe roubou tudo. Com o pouco que sobrou, Esméria fugiu das vistas do tal advogado por temer por sua vida.

4. Venda Santo Antônio: a venda pertence a Antônio Gomes, um idoso de olhos astutos. Antônio vende de tudo um pouco e os participantes podem ter a sorte de encontrar itens básicos (1 chance em 6), se tiverem tempo para isso. Os itens custam o dobro dos preços de referência no livro *A Bandeira do Elefante e da Arara - Livro de Interpretação de Papéis*.

Quando novo, Antônio Gomes fez alguma fortuna com o transporte de gêneros até o centro da capitania, mas, com a idade, acabou se fixando na região da Vila de Santo Antônio, acreditando ser um bom presságio ter o mesmo nome do santo que dá nome à região. Ele é um dos homens mais respeitados da localidade, seja por sua idade, seja pela forma como se mantém informado sobre o vilarejo, sem se intrometer na vida de ninguém, e ajudando sempre que possível.

Quando questionado sobre a invasão que ocorreu, Antônio Gomes dirá que sempre desconfiou que havia algo de errado com o Padre Cláudio, que costuma ir muito até a Vila de São Francisco só para ter "conversas" com o Padre Amaro, apesar de nunca explicar especificamente os assuntos discutidos.

5. Casa de Antônio Gomes: a casa de Antônio Gomes fica de frente para o arraial, ao lado de sua venda. É a casa mais bem arrumada da localidade, podendo inclusive ser descrita como "confortável". Antônio vive com sua esposa Maria e sua filha mais velha, Antônia, que por pouco não se tornou freira.

As pessoas da vila, de tempos em tempos, se perguntam por que Antônia abandonou o hábito e a ideia de se tornar freira. Desde então, ela vive com os pais na Vila de Santo Antônio, ajudando a mãe na casa e ocasionalmente na venda do pai.

6. Alfaiataria: a alfaiataria local é também a casa de Brites de Paredes, uma jovem que aprendeu o ofício primeiramente com sua avó e, depois, com sua mãe, ambas já falecidas. A vida não tem sido fácil para Brites, que além de filha única não tem nenhum parente próximo. Por conta disso, dedica-se ao trabalho sempre que possível. Brites é uma pessoa reservada, tocando sua vida com muito esforço e trabalho. Ela é apta a qualquer serviço de alfaiataria, incluindo trabalhos em couro. Se os personagens conversarem com a senhorita Brites, ela dirá que o Padre Cláudio sempre foi uma boa pessoa. Não tem ideia do porquê da invasão, e evitará falar mais que isso, para não se meter em problemas

7. Posto da Guarda: o Posto da Guarda local conta com um contingente um pouco maior que o da Vila de São Francisco. Por estar localizada mais no interior e mais vulnerável aos ataques de criaturas, a vila conta com cinco soldados. Eles têm uma vida muito semelhante à dos soldados de São Francisco. Parte deles costuma frequentar a Casa da Curva, ou Venda Santo Antônio, para bebericar alguma coisa e "observar o movimento" do arraial, enquanto outros patrulham a vila. Os membros da guarda local são inexperientes para tamanha invasão que se aproxima, mas são corajosos.

GUARDAS - Ataques físicos: <u>Armas de fogo</u> 1 (arquebus - dano 3), <u>Armas de corte</u> 2 (espada - dano 2), Resistência: 10, Defesa passiva: 1 (gibão d'armas), Defesa ativa: 3.

A vila tem outros serviços básicos: pessoas criam animais e preparam suas carnes para o consumo local; pequenas fazendas produzem açúcar e aguardente. O mediador deve se sentir à vontade para uma maior elaboração e usar os espaços da Vila de Santo Antônio livremente, inserindo novas histórias e personagens para enriquecer o lugarejo e criar mais aventuras para os participantes.

Os personagens podem conversar com quem quiserem na vila, mas o encontro mais importante será com o Padre Cláudio de Moraes. Este fica muito triste ao saber da morte do amigo. Quando questionado sobre a relíquia, ele dirá o seguinte,

> – Há muitos anos, os primeiros europeus chegaram ao Brasil e fizeram contato com os indígenas. Um povo aprendeu com o outro. Os europeus aprenderam sobre a cultura e as lendas desses povos, e aprenderam seus mistérios... e descobriram seus segredos mais ocultos. Encontraram nas lendas aquilo que os nativos mais temiam: poderes grandes demais, que deveriam permanecer guardados para sempre.
>
> Uma dessas lendas chegou aos ouvidos dos franceses: o Pai do Mato, um dos Ibimonguira, ou "os que fazem a terra tremer", como dizem os nativos. É uma criatura de tamanho inimaginável, tão poderosa que era temida por alguns povos e adorada por outros. Os nativos chamam a relíquia de "O Coração do Pai do Mato". O Pai do Mato está adormecido há muitos anos, mas se os franceses querem acordá-la, só pode significar a destruição de toda a nossa Capitania e de todos que aqui conhecemos. Se quiserem salvar seus entes queridos, precisam encontrar o Coração antes deles.

O padre ainda pode oferecer outras informações:

1. Ele e o Padre Amaro ouviram a lenda seis meses atrás, da boca de um prisioneiro francês, e começaram a pesquisá-la por curiosidade;

2. Eles descobriram o paradeiro de um mapa que pode levá-los ao Coração, mas o mapa encontra-se na aldeia de Angoera, um lugar amaldiçoado e muito perigoso. Por isso, os padres nunca foram atrás dele;

3. O Padre Amaro sabia da localização do mapa, e deve ter contado para os franceses; é a única explicação para ele ter sido morto. Eles devem estar a caminho da aldeia, e é imperativo chegar antes;

4. A aldeia de Angoera foi queimada até virar cinzas há muitos anos. Dizem as lendas que essa aldeia estava destinada a guardar o Coração, mas os nativos tentaram usar seu poder e foram amaldiçoados por Anhangá. Por sua ganância, eles jamais poderão abandonar a aldeia, e são mantidos em estado de mortos-vivos até hoje;

5. Com ou sem o mapa, ele acredita que os franceses vão acabar encontrando o Coração. Eles têm excelentes rastreadores e pajés aliados entre os tamoios que podem se comunicar com os espíritos. O mapa é simplesmente um caminho mais curto. Por isso, ele recomenda que encontrem o Coração antes e deem um jeito de destruí-lo.

Trindade sabe onde fica a aldeia e se oferece para levar o grupo até lá. O Padre Cláudio recusa-se a acompanhá-los por ser "velho demais para este tipo de coisa", mas oferece seus serviços como padre. Antes de mais nada, Trindade pede que Padre Amaro abençoe suas armas, dizendo que "no caminho que vamos trilhar, vamos precisar". Cada participante deve escolher uma das armas do seu personagem para abençoar, e o mediador deve fazer um teste de Abençoar +1 em cada caso (o padre possui Benção nível 2). Após abençoar as armas, o Padre Amaro também pode curar quem estiver precisando.

A aldeia de Angoera fica a nordeste da Vila de Santo Antônio e ao norte da aldeia de Guaraçu. O percurso até a aldeia pode ser perigoso, visto que as horas estão passando e os personagens chegarão ao local amaldiçoado já no início da noite. Novamente, os conhecimentos de Trindade ajudarão os personagens a se adiantarem, frente à caminhada forçada dos franceses.

PARTE 5: A ALDEIA FANTASMA

Os personagens chegam na aldeia de Angoera um pouco antes de meia-noite. Esta será a última batalha em que se utilizam as bênçãos aplicadas às suas armas por Padre Cláudio.

> Quando os personagens chegam à aldeia, já é noite. Inocentes vaga-lumes iluminam estacas de madeira presas ao chão, possíveis restos de construções que um dia pertenceram a uma poderosa tribo. De repente, tochas se acendem ao redor da aldeia, brilhando com uma intensa chama azulada, anunciando a aparição de uma estranha figura: um homem muito velho, que caminha vagarosamente na direção dos personagens. Quando ele se aproxima, vocês percebem que conseguem enxergar através do corpo dele. Um calafrio corre pela espinha de todos quando o estranho grita em Tupi:
>
> - Fora daqui! Fora daqui! O poder do Coração é nosso!

O mediador deve fazer um teste intermediário de Folclore para o personagem com maior nível da habilidade. Em caso de sucesso, o personagem reconhece a figura como um Velho Bruxo.

Os personagens terão uma rodada para agir. Se perguntarem sobre o mapa, o Velho Bruxo responde que "está seguro comigo". Independentemente das ações dos personagens, na próxima rodada o Velho Bruxo invoca os Zumbis, que são os corpos dos antigos membros de sua tribo, amaldiçoados por acreditarem que poderiam dominar a poderosa relíquia que juraram proteger. Os Zumbis começam a surgir do chão, agarrando os pés dos personagens e os atacando. Para conferir as estatísticas do Zumbi, veja a página 36.

As tochas azuis ao redor da aldeia brilham com mais intensidade e os Zumbis surgem sob os pés dos personagens - na proporção de um para um (inclusive Trindade e guardas, se houver). Agarrando os tornozelos e arranhando as pernas dos personagens, os Zumbis ganham +1 no primeiro ataque. Ao vencer a primeira leva de Zumbis um novo grupo aparece para atacar. Se os personagens tentarem investir contra o Velho Bruxo, descobrirão que seus golpes atravessam o corpo translúcido dele.

> Nota: Não importa o quanto os personagens lutem, sempre surgirão mais zumbis. Eles gastarão munição, pontos de energia e, certamente, tempo. As criaturas só vão parar quando os personagens fugirem ou apagarem as tochas azuis. Existem 12 tochas que devem ser apagadas, bastando derrubá-las. Se os participantes demorarem MUITO para perceber a chama bruxuleante que sempre se altera quando novos Zumbis surgem, peça para fazerem um teste de Folclore intermediário para notar esse detalhe.
>
> Se os personagens demorarem para solucionar a questão das tochas, um grupo de 10 franceses vai chegar. Eles também serão atacados pelos mortos-vivos, um para cada soldado, e ao simultaneamente um novo grupo de Zumbis surgirá para atacar os personagens. Neste caso, os participantes terão opções diferentes: eles podem se afastar e esperar para ver o que acontece com os franceses, ou continuar tentando conseguir o mapa antes deles. No caso de se afastarem, os franceses conseguem apagar as tochas, matar os Zumbis restantes e derrotar o Velho Bruxo (veja abaixo). Eles recuperam o mapa, sobrando apenas 2 soldados com metade de sua resistência. Neste caso, os personagens não devem ter muito dificuldade em atacá-los para recuperar o mapa. O que eles não sabem, porém, é que um grupo muito maior de franceses já está no rastro da gruta...

Quando as tochas se apagarem, os personagens perceberão que o corpo do Velho Bruxo fica opaco, assumindo forma física. Ao derrotar os Zumbis restantes, outros não voltarão a surgir, e o Velho Bruxo tentará derrotar os personagens com magia.

VELHO BRUXO: Tamanho: H, **Movimento:** 3, **Resistência:** 10, **Defesa passiva:** 0, **Defesa ativa:** 0, **Habilidades:** Fôlego 3, **Dano:** 3, **Morte:** 2.

Ao ser vencido pelos personagens, ele balbucia algumas palavras em tupi enquanto outros sua forma normal: um pajé idoso com longos cabelos brancos, agora em paz. Os personagens vão perceber uma pequena algibeira de couro na cintura do feiticeiro. Dentro da algibeira está o mapa que leva à Gruta dos Elementos.

Após pegarem o mapa, os corpos dos Zumbis voltam à sua forma normal, a de antigos guerreiros tamoios. Talvez os participantes pensem em enterrá-los, como forma de respeito (se tentarem fazer isso, eles merecem 1 ponto de experiência adicional). Quando iniciam o processo de sepultamento dos corpos dos guerreiros e do pajé, eles ouvem tiros e gritos. São os franceses que os alcançaram. Trindade deve orientar os personagens a fugir, senão terão de enfrentar os 10 soldados franceses. Se o grupo encontrar os franceses, ou durante ou depois da batalha, fica claro que este é um grupo menor, sem a presença do líder que viram durante o ataque à Vila de São Francisco.

Se os participantes tentarem destruir o mapa, descobrirão que ele foi desenhado sobre uma pele de capelobo, e não pode ser queimado nem destruído.

PARTE 6: A GRUTA DOS ELEMENTOS

Depois de uma longa caminhada em meio à mata, os personagens alcançam novamente o rio Frio. Esse rio leva os personagens ao lago que se forma ao pé da cachoeira de Mãgará. As águas frias desta cachoeira dão o nome ao rio Frio, e também escondem a entrada da Gruta dos Elementos, local que abriga o coração do Pai do Mato. Os personagens durante a subida do rio estarão em sua margem direita e, ao avistarem a cachoeira, um teste fácil de Escalada revelará que o lado esquerdo é melhor para a subida, por ser um lado mais escarpado e com mais apoio para os pés e as mãos.

Os participantes devem encontrar um modo de alcançar a entrada sem correr riscos, visto que uma queda seria grave. Inicialmente, pelo menos um dos personagens deve subir a cachoeira com um teste intermediário de Escalada. Cada fracasso levará a uma queda e 2 pontos de dano. Ao chegar ao topo, este personagem deve ajudar os outros a subir. Usar uma corda para ajudar na subida, prendendo uns aos ou-

A Gruta dos Elementos

tros, ou amarrar as redes de dormir ou utilizar cipós encontrados na mata, garantindo um mínimo de segurança, são algumas das alternativas. Se algum participante tiver uma boa ideia que garanta a segurança de todos, fazendo com que os personagens escalem pelas pedras escalem boca da caverna em segurança, recompense o personagem com 1 ponto de experiência adicional.

Quando os personagens subirem pela lateral da cachoeira, poderão ver a entrada da Gruta dos Elementos.

> Uma boca larga se abre atrás do véu de água da Cachoeira de Mãgará. Como que criada por uma força poderosa que removeu todas as pedras para criar um esconderijo perfeito, esta boca não poderia ser vista de outro ângulo, sem que a cachoeira secasse.

Ao entrar na boca da gruta, os personagens chegam na primeira área com a água da cachoeira caindo nas suas costas.

1. A entrada da gruta

> Por trás da cachoeira esconde-se uma grande gruta, onde é possível ver inúmeros símbolos marcados nas paredes e no corredor à frente, todos indecifráveis. É aqui que jaz o Coração do Ibimonguira.

Os símbolos estão gravados na parede com uma espécie de tinta. Ninguém consegue interpretar os mesmos, escritos há milhares de anos por algum povo da região. Essa primeira área exige muito cuidado, ainda que seja clara por conta da luz que entra. O lugar está molhado e repleto de limo, o que o torna bastante escorregadio. O primeiro que chegar pode ajudar os outros com uma corda, amarrando-a em alguma pedra ou simplesmente se firmando enquanto os outros personagens atravessam o lugar escorregadio. Uma falha pode acarretar em queda. Caso ninguém consiga ajudar o participante que escorregar, a queda causará 3 pontos de dano nele.

Apesar do lugar parecer abandonado, se alguém decidir examinar a área, um teste fácil de <u>Rastreamento</u> mostrará que o local apresenta sinais de movimentação recente, embora não seja possível precisarde quem ou do quê. Um teste difícil encontrará dicas suficientes para indicar que muitas pessoas passaram por ali, indo e voltando.

2. A escadaria do vento

> As mesmas marcas pintadas na parede na área anterior também estão presentes aqui, um corredor estreito que possui duas escadas em sequência que levam a uma sala escura no andar superior. Um ecoar incessante de vento passa pelas frestas na pedra.

O vento afeta a audição dos personagens como se espíritos estivessem chamando. Caso não tenham uma tocha, os personagens mal conseguem enxergar na penumbra. Eles devem subir um passo de cada vez, tropeçando nas pedras, tateando no escuro e se apoiando com as mãos para chegar ao topo da escada.

Neste ponto, o mediador deve aplicar um teste intermediário de <u>Armadilhas</u> para os três personagens à frente caso possuam esta habilidade. Um teste bem-sucedido permitirá aos personagens identificar uma tábua estranha no chão e fazer com que os outros a evitem. Caso ninguém passe no teste, a armadilha será disparada quando o primeiro desavisado tropeçar na tábua, que serve como gatilho, e uma avalanche de pedras atingirá os três primeiros personagens da fila, causando 3, 2 e 1 de dano, sucessivamente.

3. A área da grande coluna

> Esta área contém uma grande coluna, decorada por uma uma pilha de crânios ao redor de sua base, seja como reverência ou como aviso aos tolos que chegaram até aqui.

Existe aqui uma pequena passagem de luz que clareia parcialmente o interior dessa área. O caminho à direita leva à sala 4, enquanto o caminho à esquerda leva a um novo corredor que conduzirá os personagens à sala 5.

Se alguém examinar o chão novamente, um teste fácil de Rastreamento mostrará marcas indo e vindo no lado esquerdo, mas do lado direito não há nenhum sinal de movimentação.

4. A sala dos mortos

> Esta sala estreita armazena um grande conjunto de cestos trançados em péssimo estado de conservação, cobertos no topo com pequenas tampas feitas do mesmo material. Existem sete cestos espalhados pelo local e escorados nas paredes da gruta.

Se os personagens se aproximarem, perceberão que os cestos estão corroídos e desgastados. Em algum momento foram bonitos e enfeitados para servir como cestos funerários, guardando os restos mortais de nativos há muito esquecidos dentro da gruta. Hoje, porém, ao se aproximarem, será possível enxergar os restos mortais que aparecem pelas largas frestas dos cestos. Se os personagens abrirem um dos cestos, todos explodem, não causando nenhum dano a não ser o efeito surpresa, surgindo sete Esqueletos armados com lanças para lutar contra aqueles que os acordaram de seu sono eterno. Para ver as estatísticas dos Esqueletos, consulte a página 29.

Na primeira rodada, os Esqueletos atacam antes dos personagens, surpreendendo-os ao sair dos cestos com violência. Armas maciças causam dano normal contra as criaturas, e de perfuração ou corte causam apenas metade de dano (mínimo de um ponto de dano).

Ao final do combate, os personagens podem investigar melhor o local. Todas as armas e itens dos esqueletos estão em péssimo estado de conservação. Mas, se investigarem a área dos cestos, encontrarão uma lança com uma ponta de pedra em perfeita condição (arma encantada, +2 nos testes de Armas de arremesso e Armas de haste) e um Colar Indígena encantado com contas vermelhas, aumentando em +1 a Defesa passiva do personagem.

5. A sala da fonte

> Pouco antes de chegarem a essa sala, já é possível escutar o ruído de água corrente, preenchendo o ambiente com um som agradável. Essa área contém uma abertura por onde a água sai, formando uma fonte natural, escavada pelo escoamento. Iluminada por um feixe de luz que entra pelas frestas do teto, essa fonte natural da mais pura água.

Todos aqueles que beberem dessa água terão 3 pontos de dano curados automaticamente. Se algum dos personagens tiver morrido e for mergulhado nessa fonte, terá sobre si os efeitos da habilidade *Afastar Morte*. A fonte é detentora do poder de cura, mas não a água em si. Se a água for armazenada, perderá sua habilidade de cura por ter deixado a fonte.

6. A área do sol e da lua

> Essa área é a que tem o teto mais aberto para o céu acima dos personagens. Diversas trepadeiras finas descem pelas paredes, assim como diversos blocos de pedra.

Os personagens não conseguem escalar essas trepadeiras por serem muito finas. No final dessa área um corredor leva no sentido noroeste. Essa área é grande, mas não contém nada de especial. O mediador pode incluir mais algum perigo nessa área se os personagens estiverem bem o suficiente, só para dificultar um pouco as coisas.

7. O corredor final

> Esse corredor apresenta pequenas pedras encravadas na parede, além das mesmas marcas da entrada da gruta. Um vento fresco passa por aqui, muito diferente do ar pesado e quente das primeiras áreas da gruta.

Dois lances de escada com poucos degraus num corredor de aproximadamente 9 varas levam a um grande espaço de mais de 12x12 varas de comprimento.

8. O Santuário do Coração

> Grandes colunas de pedra firmam o teto colossal sobre as cabeças dos personagens. Toda a construção, ainda que natural, é impressionante. Do outro lado do espaço enorme, o que poderia ser interpretado como um altar de pedra traz sobre si uma grande cuba cheia de água e limo. Ao pé do altar jaz caída uma figura vagamente humana, mas bem mais alta e peluda do que qualquer pessoa normal.

Os personagens não têm como saber (a menos que tenham usado magia bem específica com antecedência), mas os franceses chegaram antes. Seus aliados tamoios usaram o poder de seus pajés para encontrar a localização da caverna, e também avisaram que outro grupo estava vindo. Após matar o Guardião do Coração (o caipora que jaz caído no chão), alguns levaram o poderoso item e outros ficaram para criar uma emboscada.

Se os personagens forem diretamente até o altar, descobrirão que a figura é um caipora morto, com uma grande lança caída ao lado. Neste momento, os franceses surgem de trás das colunas, cercando os personagens com 20 soldados armados com arcabuzes e bloqueando a entrada do local. Se os personagens examinarem primeiramente o perímetro da área, os franceses se apresentarão dos dois lados imediatamente. Seu líder é o tenente Montesquieu (página 69).

INVASORES - Ataques físicos: Armas de fogo 2 (arcabuz - dano 2), Armas de corte 1 (alfanje - dano 2), Resistência: 10, Defesa passiva: 1 (gibão d'armas), Defesa ativa: 2

De qualquer maneira, os franceses ganham o primeiro ataque, lançando 20 tiros de arcabuz contra o grupo. Após ver o resultado, o grupo pode responder tentando fugir, conversar ou lutar. Se forem cercados, fugir pela entrada ficará mais difícil, já que a mesma encontra-se bloqueada por cinco soldados. No caso de conversar, o tenente Montesquieu ordena que seus homens interrompam o ataque. Neste momento, os personagens podem questionar o tenente sobre o Coração. O tenente responderá com orgulho sobre como os pajés tamoios os trouxeram até esta gruta, e como o Coração do Pai do Mato está seguro agora com o seu capitão. Ele também revelará como sabia que este grupo estranho, ou seja, os personagens, seria um problema desde que os viu na Vila de São Francisco. Graças aos pajés, eles também sabiam da aproximação do grupo, por isso deixaram os vinte soldados de tocaia. O tenente se esforçará para obrigar os personagens a largarem suas armas para capturá-los e eliminá-los sem perder mais soldados.

Em caso de combate, depois da primeira rodada, uma parte dos franceses larga as armas de fogo e outra parte continua de armas em punho. O plano do tenente é mandar metade da tropa para o combate corpo a corpo, enquanto a outra metade não para de atirar. Ele ficará com os atiradores, aproveitando a sua perícia em manejar armas fogo e as suas duas pistolas excepcionais. Antes da rodada começar, porém, algo estranho acontece.

No caso do grupo ter ficado no local por escolha ou por ter a entrada bloqueada, ou no caso de largar suas armas, uma pedra se move no fundo da caverna, e o rosto de um menino negro espia por ela. O menino os chama, "Por aqui, seus tolos! Rápido!". Os franceses ignoram o menino, concentrando sua atenção na ameaça representada pelo grupo. Os personagens terão que decidir se lutam ou se fogem. Se continuarem lutando mais uma rodada, o menino grita: "O Coração não está mais aqui! Venham comigo se não quiserem morrer.". De qualquer forma, será difícil os personagens matarem todos os soldados, mas lutar ainda é uma opção. (Nota: caso os personagens tenham optado pela rendição, o Saci irá aparecer imediatamente, chamando-os para a caverna: "Fujam, é uma cilada!").

No caso do grupo não ter ficado cercado no local e ter fugido de volta pela entrada, os soldados correrão atrás deles e o menino abrirá uma porta secreta na parede da sala 6, chamando os personagens para fugir da mesma forma.

Ao seguir o menino (ou ter derrotado todos os franceses, no caso de batalha), os personagens descobrem que o guri é um Saci. Ao entrar no corredor, o Saci coloca uma bomba com o rastilho aceso na porta e diz com uma risada maníaca, "Sugiro que corram!". Pulando em sua única perna com extrema agilidade, logo passa à frente dos personagens e a bomba explode, causando grande fumaça e barulho. Tiros por todo lado raspam a pele dos personagens e os três últimos na fila tomam um ponto de dano. O corredor desaba ao redor deles.

PARTE 7: O REINO DAS ÁGUAS CLARAS

Os personagens correm sem olhar pelo túnel enquanto blocos caem sobre suas cabeças por conta da explosão. Ao chegarem ao final do corredor, aparentemente seguros, eles alcançam um amplo platô que é o topo da cachoeira de Mãgará. Agora os personagens conseguem ver melhor seu salvador: um menino negro que nem deve ter chegado à adolescência, magrinho, usando um barrete vermelho e uma calça velha, com uma perna só. O Saci se joga no chão gargalhando alto dos personagens dos participantes.

> — *Vocês precisavam ver as suas caras! BOOOOOOOOOOOM! HAHAHAHAHA! Aposto que alguém deve ter sujado as calças!* Num pulo o menino se levanta e o tom de sua voz muda completamente: *Agora vamos. Temos um longo caminho a percorrer, e o fato dos franceses já terem conseguido o Coração do Pai do Mato não facilita em nada a situação.*

O Saci não para na caminhada e não dá tempo para os personagens pensarem muito. Se alguém parar, ele insiste, "Precisamos nos apressar, não temos tempo!", e continua. Os irmãos Trindade se vão se sentir muito incomodados e serão os principais alvos das traquinagens do Saci, mas nada tão letal assim! Os personagens podem se separar do Saci, mas não saberão como encontrar os franceses sem a sua ajuda.

Enquanto caminham, os personagens devem ter muitas perguntas para o Saci. Aqui é um bom momento para o mediador brincar com a interpretação do papel. O Saci conhece muito bem a situação, mas os personagens terão de decifrar as respostas ambíguas que ele costuma dar. Ele pode desconversar no meio de uma resposta, indicando algum animal ou nuvem no céu, por exemplo. Com insistência e paciência, os personagens podem conseguir informações importantes:

- Caso o grupo não tenha conversado com os franceses, o Saci pode explicar como eles chegaram antes e sabiam da aproximação do grupo para a emboscada. Ele ouviu estes detalhes enquanto espionava os franceses;

- O Coração do Pai do Mato é uma grande peça de madeira maciça que parece um coração esculpido em madeira nobre. Ele está coberto de musgo em algumas partes, mas é uma peça incrível que emite um brilho esverdeado ao ser segurado por mãos humanas;

- Ele ajudou os personagens porque sabe que os franceses querem acordar o Pai do Mato, algo que seria ruim para todos, inclusive ele. Ele já havia espionado os personagens e os franceses, e sabe que os dois grupos têm interesses opostos.

Ao perguntar para onde o Saci está levando o grupo, ele responderá:

> – Não confiam em mim? Eu os salvei! Vocês querem atrapalhar os planos dos outros de lá que querem tomar as terras de outros que vieram pra cá, num é não? Então, eu tenho um plano! Hehehe. Agora vocês têm que acreditar em mim! Hehehe. Alguém tem um pouco de fumo aí pro meu cachimbo? Ele tá bem apagadinho... Então... hehehe... Não sei se vocês vão gostar disso, mas é a única ideia que eu tive pra ajudar vocês e vocês não têm ideia nenhuma pra se ajudarem, então a minha ideia é melhor que nenhuma ideia, num é? Então, eu vou fazer vocês chegarem até onde os outros de lá estão. Só não posso ir com vocês...

Se os personagens insistirem no interrogatório, o Saci eventualmente explicará que as sereias e a Iara foram enviadas por Tupã para protegerem as águas e que, dessa forma, será bem mais fácil. É só convencer a Iara e as sereias a ajudar. Ele mesmo não pode ir, porque os Sacis não podem entrar no local onde estão as sereias e a Iara. Se os personagens quiserem saber o motivo, uma hora ele vai confessar que simplesmente não gosta muito de água.

Depois de algumas horas de caminhada - e de vantagem para os franceses chegarem ao seu navio -, o Saci guia os personagens até um local onde fica um grande lago: uma formação natural ampla, semelhante a um espelho d'água, mas no alto de um altiplano. Diga aos participantes que os personagens sentem uma atmosfera diferente na região. O vento talvez seja mais frio, o céu mais azul ou simplesmente eles sentem na pele algo que nunca sentiram antes. O Saci dá uma risada e avisa que não pode acompanhar os personagens, mas pede para que eles entrem lago, que, na verdade verdade, é uma entrada para o Reino das Águas Claras, do qual a Iara é uma das rainhas.

Os personagens entram no lago e a sensação é incrível: as águas são tão claras que é possível enxergar muito longe; a água passa por eles como se fosse ar, permitindo que eles respirem e fiquem submersos por tempo indeterminado; além disso, por mais amplo que o lago pareça ser, embaixo d'água é muito maior.

Eles começam a nadar e logo veem vinte sereias armadas de lanças vindo em sua direção. Se os personagens tentarem fugir, perceberão que não conseguem sair de dentro do lago, como se o espelho d'água tivesse adquirido resistência, impossibilitando a sua fuga. Se os personagens seguirem na direção das sereias, elas irão se comunicar com eles telepaticamente em Tupi. Apenas os personagens fluentes em Tupi podem se comunicar com as sereias. (Para mais informações sobre sereias, o mediador pode consultar o respectivo verbete no livro *A Bandeira do Elefante e da Arara - Livro de Interpretação de Papéis*)

Quando os personagens explicarem o motivo de sua vinda, as sereias os acompanharão até o Palácio das Águas Claras. Tubarões nadam por perto sem atacar, e cardumes inteiros de peixes - pequenos e grandes - passam por todos os lados, enquanto os personagens são escoltados até a entrada do palácio.

> O Palácio das Águas Claras lembra os castelos das histórias de cavaleiros, feitos de grandes blocos de pedra cortados, mas com motivos marítimos como conchas e estrelas do mar adornando o palácio. Ao contrário das construções humanas da superfície, onde são necessárias inúmeras velas para manter a claridade, aqui há uma alga que emite luminosidade constante, num profundo tom esverdeado.

Os personagens serão levados à sala principal do palácio. A sala é enorme e ainda mais iluminada que os outros ambientes. De um lado, é possível ver uma grande quantidade de tesouros. Baús podem ser vistos, provenientes dos navios que naufragaram no litoral da região. Moedas de ouro se espalham pelo chão. Talvez tudo esteja ali apenas para atrair a atenção de aventureiros gananciosos. É impossível não notar que as sereias vigiam os personagens o tempo todo. No final dessa grande sala, encontra-se o trono da Iara, um verdadeiro monumento. Iara é uma sereia antiga, e uma feiticeira poderosa. Branca de traços europeus, possui os cabelos ruivos longos e ondulados. Seus profundos olhos verdes fitam fitando os personagens com gravidade.

A Iara questiona o por que dessa invasão ao seu território. Os participantes podem seguir o plano do Saci e contar tudo o que está acontecendo. Podem contar sobre a invasão dos franceses e o ataque contra as vilas. Até esse ponto, a conversa não terá muito interesse para a Iara, que sabe o que está acontecendo; ela mesma já viu os navios franceses muitas vezes e sabe onde há três desses no litoral, não muito longe de uma das saídas do Reino das Águas Claras. Quando os personagens falarem sobre o Coração do Pai do Mato, a Iara irá se ajeitar no trono. As sereias que a acompanham irão se comprimir junto ao trono da rainha. A Iara dirá,

> "– Vocês invadem meu reino, conduzidos até aqui por um moleque numa perna só e vêm me dizer que os invasores franceses querem despertar o Pai do Mato?! Vocês vão me contar bem essa história. Se for mentira ou alguma artimanha daquele moleque, pagarão caro por tal insolência!".

A Iara diz que precisa verificar essa história, e manda não interferirem no que ela vai fazer. Ela irá usar seu poder de Encantar 3 (um teste fácil para ela em seu reino) para enfeitiçar um dos personagens masculinos para que este confirme todas as informações. Quando o personagem estiver enfeitiçado pela beleza e magia da Iara, ele contará tudo. Deixe o participante falar livremente as coisas que seu personagem vivenciou nos últimos dias. Ao final, a Iara dirá:

> "– Se o Pai do Mato retornar, todos temos muito a perder. Não posso permitir que isso aconteça. As sereias nunca lutaram nas guerras dos homens. Preferimos nos manter à distância e observar enquanto vocês se destroem, mas agora precisamos agir. Daremos fim a essa tentativa dos franceses de tomarem o que é nosso!".

As sereias ao redor da Iara saem e começam a trazer alguns de seus pertences: uma enorme lança dourada, repleta de enfeites delicados, é posta em suas mãos. Outra sereia lhe traz uma rede que em muito se assemelha a uma rede de pesca, mas menor e com uma confecção incrivelmente rica. A Iara emite mensagens convocando todas as sereias para lutar contra o invasor que deseja invocar o Pai do Mato. Mais e mais sereias armadas com lanças leves chegam à sala do trono. A Iara se desloca até os personagens e fala:

> "– São três barcos dos franceses, com centenas de soldados a bordo. O maior é uma nau de guerra, onde devem estar os líderes. Não sei quanto tempo poderemos lutar. Temos que recuperar o Coração e fugir o mais rápido possível!".

Nesse momento, a Iara e as sereias começam a se direcionar para fora do Palácio. Os personagens dos participantes são encaminhados para a tropa que se organiza para sair em direção aos navios franceses.

Em pouco tempo de nado, a Iara emite um comando mental, avisando que já estão chegando e é hora de partirem para o ataque. A velocidade com que as sereias nadam é impressionante, fazendo com que elas literalmente saltem da água, como os botos e golfinhos, aproximando-se rapidamente dos navios.

PARTE 8: A BATALHA PELO CORAÇÃO

Antes dos personagens alcançarem os navios, já é possível ouvir e ver as explosões dos tiros dos canhões. Aproximando-se, Trindade (se ainda estiver vivo) exclama, "Eles vieram!". De fato, o grupo vê dezenas de guerreiros tupinambás em pequenas embarcações enfrentando bravamente os franceses. São os guerreiros da aldeia de Guaraçu. A Iara sorri e grita para o grupo, "Isso muda tudo. Com os tupinambás, agora é uma batalha que podemos vencer. Vamos acabar com estes invasores teimosos de vez!".

Quando os personagens dos participantes, carregados pelas sereias, se aproximarem dos navios, um dos menores navios vira os canhões na direção deles. As sereias fazem uma manobra para sair da área de ataque do navio e se separam em três grupos, cada um indo atrás um navio diferente. A Iara, na frente, usa seu controle sobre a natureza para lançar uma onda contra o navio principal, que joga vários soldados no mar. "Agora é a sua vez!", ela diz, e usa uma segunda onda para colocar o grupo a bordo do navio principal, o *Dame de l'Océan*.

Em um instante, os personagens enxergam tudo ao seu redor. Nos três navios, há combate entre tupinambás, sereias e franceses. A Iara se transforma em um monstro aquático similar ao Ipupiara (veja *Bandeira do Elefante e da Arara - Livro de Interpretação de Papéis* para mais detalhes), assustando tanto os franceses quanto os tupinambás. Nesta forma monstruosa, ela ataca os franceses que caem na água. Nenhum deles volta à batalha.

O assunto mais urgente para os personagens, porém, são os soldados no convés do navio. Ainda restam alguns soldados, junto com seu inimigo, o tenente Montesquieu (se não tiver sido morto em um encontro anterior) e o líder da expedição francesa, o capitão Arfa. **O número total de franceses deve ser igual ao número de pessoas no grupo dos personagens.**

PIRATAS FRANCESES

Ataques físicos: Armas de fogo 2 (pistola - dano 2), arcabuz (dano 3), Armas de corte 1 (alfanje - dano 2), Resistência: 10, Defesa passiva: 1 (gibão d'armas), Defesa ativa: 2

TENENTE MONTESQUIEU

Ataques físicos: Armas de fogo 3 (pistolas excepcionais +1 nos testes, dano 2), Armas de corte 2 (espada fina +1 nos testes, dano 2), Resistência: 10, Defesa passiva: 4 (capacete normal e gibão d'armas encantado +3 total na defesa passiva), Defesa ativa: 5

CAPITÃO ANTOINE ARFA, "LE BOITERIE", OU, "O MANCO"

Ataques físicos: Armas de fogo 2 (pistolas excepcional +1 nos testes, dano 2), Armas de corte 3 (alfanje normal - dano 2), Armas de arremesso 2 (duas adagas excepcionais + nos testes, dano 1), Resistência: 10, Defesa passiva: 3 (gibão d'armas normal e elmo excepcional +2 na defesa passiva), Defesa ativa: 5

O grupo pode trocar umas poucas palavras com o capitão e o tenente, mas estes sabem que a batalha está em situação crítica e logo atacam. Após a primeira rodada de combate, um dos navios menores é capturado pelos tupinambás e pelas sereias. Em poucas rodadas, tiros de canhão cruzam os céus para todos os lados enquanto os personagens lutam contra os franceses.

Aqui, os participantes poderão usar os poderes mágicos de seus personagens para conseguirem alguma vantagem no combate. Personagens como Makini ou Fernão podem tentar arremessar os piratas para fora do barco. Opções inteligentes podem acelerar o combate e tornar a experiência muito mais divertida do que ficar apenas jogando dados.

> O mediador deve incentivar os participantes a fazer uso de suas diferentes habilidades, ou este combate pode ficar muito difícil para eles, já que todos os inimigos possuem habilidades em armas. Os personagens prontos possuem habilidades diferenciadas, principalmente Adetokumbo e Inaiê, que podem usar as suas habilidades mágicas para alterar o conflito. Por meio dos poderes do Ifá, Adetokumbo pode tentar enfraquecer os inimigos ou mesmo afastá-los. Inaiê, com seus poderes de defesa, pode proteger outros personagens. Permita que o combate seja muito mais emocionante do que apenas um monte de lances de dados. Se o combate se torna muito grave para os personagens, estes podem pedir ajuda para as sereias para Encantar um dos inimigos.

Quando os navios menores começam a trocar tiros de canhão, existe a possibilidade de que alguns acertem o Dame de l'Ocean Lance 1d6 para cada rodada, um resultado "1" indica que um tiro acertou o navio onde os personagens lutando, que pelo critério do mediador, pode lançar lascas de madeira que podem machucar alguém ou atingir um dos soldados franceses, causando morte imediata. Isso tudo dará ainda mais dramaticidade ao combate final.

O capitão Arfa luta com todas as forças até o fim, agarrando-se ao Coração do Pai do Mato, incrédulo de que pode ser derrotado tão perto de seu objetivo. Quando sua resistência chegar a zero, ele cai no chão, derrubando o Coração no convés do navio. Todos olham apreensivos, enquanto a esfera rola em direção a uma pequena abertura no convés que dá para o mar.

Se os personagens demorarem para pegar o Coração (ninguém gasta sua ação para pegar o Coração durante uma rodada) quando a relíquia estiver caindo do convés, surge uma figura do nada e uma pequena mão negra de dedos finos e longos segura a relíquia. O Saci aparenta estar marejado, com cara de quem passou mal a viagem toda, mas observa ansioso o objeto em suas mãos. Enquanto todos o observam, espantados, o Saci joga o Coração do Pai do Mato dentro de seu barrete e some em um redemoinho, lançando sua gargalhada característica.

Contudo, se alguém for rápido e gastar uma ação para pegar o Coração, eles finalmente terão conquistado seu objetivo, e todos irão se voltar para eles. Até o Saci surgirá de repente (aparentando estar marejado) no lugar onde o Coração ia cair, como se estivesse prestes a pegá-lo. Seguem-se gritos e súplicas, pedidos e ordens, em que todos tentam convencer os personagens a entregar o Coração (franceses, Iara, Saci e tupinambás), e os personagens serão obrigados a tomar uma decisão:

◆ Montesquieu, se ainda estiver vivo, tentará subornar os personagens e convencê-los a entregar o Coração, "Juntem-se a mim, e usaremos o Coração do Pai do Mato para dominar esta colônia!". Se escolherem este caminho, certamente atrairão a ira da Iara e dos tupinambás, e terão que combatê-los com a ajuda dos franceses. Além disso, não passa de mais um truque do tenente, que tentará matá-los na primeira chance que tiver. Se, por outro lado, ele já tiver sido derrotado, então os franceses estarão sem líder, à mercê dos personagens e de seus aliados.

◆ A Iara mandará os personagens entregarem o Coração, "Somente no Reino das Águas Claras o Coração estará seguro, vamos guardá-lo onde homem nenhum jamais colocará as mãos nele!". Os personagens podem entregar o Coração para ela, que os ajudará a dar cabo dos últimos franceses e a voltar para terra firme. Eles terão na Iara um aliado, mas irão antagonizar o Saci, que fugirá num redemoinho, nada feliz com a decisão.

◆ O Saci pedirá que eles entreguem o Coração, "Eu salvei a vida de vocês antes, podem confiar em mim!"; ele parece bastante ansioso, embora não seja possível saber por que (nem ele irá revelar). Se os personagens entregarem o Coração, o Saci irá tirá-los dali num redemoinho, mas eles ainda ouvirão as pragas da Iara; eles ganharam um aliado, mas também um poderoso desafeto.

◆ Os tupinambás pedem o Coração, "Ele é nosso por direito. Nossa dádiva, e nosso dever. Deixem ele conosco, e não falharemos como antes!". Se os personagens entregarem o Coração, nem a Iara nem o Saci ficarão particularmente felizes, argumentando que este povo já abusou do poder do Coração antes, mas aceitarão a decisão.

◆ Os personagens podem decidir que o Coração deve ficar com eles (seja para protegê-lo ou tentar destruí-lo). Felizes ou não, todos entendem que, se tem alguém que ganhou o direito de tomar essa decisão, são eles.

Ao término da batalha, todos os navios dos franceses estão afundando. Se os personagens tiverem se aliado ao Saci, ele os deixará na praia, onde os personagens podem ver todo o caos e a destruição em andamento. Se optarem por se aliar à Iara, suas sereias ajudarão a destruir os franceses e os deixarão na praia. Se tiverem se aliado aos tupinambás (ou decidido guardar o Coração para si), os personagens podem entrar em um dos barcos dos tupinambás; caso Inaiê ou Iberê estejam com o grupo, seus conterrâneos os receberão com alegria.

CONCLUSÃO

Quando os personagens voltarem à terra firme, estarão na mesma praia onde tudo começou: no litoral da Vila de São Francisco. Independentemente de sua decisão, o personagem que estiver com eles (Iara, Saci ou os tupinambás) irá parabenizá-los por tudo:

> – "Vocês foram bravos. Lutaram bem e ajudaram a proteger essas terras da catástrofe. Poucos teriam tamanha coragem. Orgulhem-se do que vocês fizeram, e orgulhem-se das decisões que tomaram. Talvez os poderosos dessa terra nunca saibam o perigo que eles corriam, mas eles estão em dívida com vocês!".

Logo, mais pessoas começam a chegar, assustadas com o som do combate. Cabe agora aos personagens contar os fatos, se quiserem compartilhar suas aventuras com a população. Por conta da vitória sobre a esquadra francesa, o pai de Fernão, Manuel de Almeida, organizará um festejo em homenagem à proteção de São Francisco e ao fim da presença francesa na região.

Durante os festejos, alguns dos personagens podem ouvir um assobio longo e contínuo, e outros, uma risada igual à do pequeno Saci que os ajudou. Ninguém verá o Saci, mas, coincidência ou não, Fernão perde seu chapéu de abas largas...

DESDOBRAMENTOS

Ao final da aventura, os personagens tiveram de tomar uma importante decisão a respeito do Coração do Pai do Mato. Qualquer que tenha sido a sua escolha, ela certamente pode trazer consequências em um futuro próximo:

- Se os personagens decidiram ficar com o Coração, que tipo de aventuras (ou perigos) os espera? Eles podem vir a ser alvos de futuros conquistadores, ansiosos pelo poder da joia. Ou será que existe um meio de destruir este artefato para sempre?

- A Iara não vai esquecer o que aconteceu, para o bem ou para o mal: se os aventureiros lhe entregaram o Coração do Pai do Mato, ela pode vir a ajudá-los ou oferecer mais oportunidades de aventuras, onde as sereias não têm como ir. Ou será que ela poderia mudar de ideia e decidir usar o Coração do Pai do Mato para seus próprios fins?

- Por que razão o Saci queria tanto o Coração do Pai do Mato? Será que ele voltará para atormentar os aventureiros em algum momento? Ele pedirá a ajuda deles ou os lançará rumo ao perigo iminente?

- Se os tupinambás passarem a guardar o Coração do Pai do Mato, haverá algum modo de desfazer a maldição? Como serão os novos preparativos para protegê-lo? E estará ele realmente seguro?

Além das consequências relacionadas ao Coração do Pai do Mato, há também outros desdobramentos a serem levados em consideração:

- Talvez alguns dos franceses tenham sobrevivido ao ataque. Talvez tenham abandonado o navio antes da batalha. Estes franceses podem tentar voltar até a região de Cabo Frio para relatar o que realmente aconteceu na missão para despertar o Pai do Mato;

- A aldeia de Inaiê e Iberê pode ser um valioso local de informações para novas aventuras, principalmente sobre os motivos que levaram à punição da aldeia fantasma, onde o mapa foi encontrado. Será que esta aldeia ainda guarda segredos?

- Tomé, o mateiro que ensinou tudo a Trindade, conhece alguma lenda sobre tesouros na região?

- O que será que os sacerdotes que ensinaram tudo a Makini têm a dizer agora sobre o futuro? Novas aventuras?

O mediador deve conceder 2 pontos de aprendizagem por cada sessão, aumentando assim gradativamente as habilidades dos personagens ao longo da aventura. Os personagens que sobreviveram até o final devem ganhar ainda de 1 a 4 pontos a mais, dependendo de seus atos e de suas consequências. Se os participantes, por algum motivo ou graças à criatividade, conseguirem pegar o Coração do Pai do Mato, conceda-lhes um ponto adicional de experiência.

IDEIAS PARA OUTRAS AVENTURAS NA CAPITANIA REAL DO RIO DE JANEIRO

Aventuras são o epicentro dos jogos de interpretação de papéis. Todos queremos fugir momentaneamente da nossa realidade e nos jogarmos em mundos novos, repletos de perigos e mistérios que fariam quaisquer pessoas procurarem a segurança de suas casas. Mas depois de algumas aventuras, às vezes podemos ficar sem ideias para novos desafios. A lista a seguir contém alguns tópicos que podem ser explorados pelo mediador do jogo para criar desde aventuras rápidas até verdadeiras campanhas, conectando ligando diferentes tópicos numa cadeia de eventos que surpreenderá os participantes.

1. **Exploração:** o território brasileiro em 1576 ainda é pouquíssimo conhecido. Segredos e mistérios ainda estão completamente protegidos pela poderosa floresta de difícil acesso. Os personagens podem ser convidados para ajudar no reconhecimento de áreas ainda ignoradas da Capitania Real do Rio de Janeiro. Aventuras exploratórias são sempre bem-vindas, ainda mais com a enorme quantidade de criaturas fantásticas, protegendo os segredos das matas e de seus tesouros.

2. **Indígenas:** engana-se quem acredita que todos os povos indígenas viviam pacificamente entre si. As guerras indígenas são um pano de fundo eficiente para diversas aventuras. Uma vez que várias tribos indígenas são seminômades, ou seja, passam uma boa parte de seu tempo num local até se mudarem, o que gera conflitos, pois elas invadem o território sagrado de outra tribo. Colocar os aventureiros em meio a um conflito entre Tamoios e Tupinambás, ou, entre Goitacazes e Papanazes, empenhados na defesa de seus territórios ou buscando a Pena de Aritana, um poderoso item mágico nativo que poderia acabar com o conflito de vez.

3. **Africanos:** a vinda dos primeiros grupos de africanos escravizados se dá ainda no século XVI, assim como a formação dos primeiros assentamentos que buscavam uma vida fora dos mandos e desmandos dos senhores de engenho. Aventuras com africanos lutando por liberdade pode ser outro pano de fundo de várias aventuras, assim como os personagens ajudando a libertar outros personagens ou nas batalhas de quilombos.

4. **Portugueses:** a chegada de novos portugueses pode acirrar os ânimos na Cidade de São Sebastião do Rio de Janeiro, como também nas vilas que começam a surgir por conta do crescimento e da concessão de sesmarias. Um membro importante da sociedade poderia não gostar nada da presença de um novo nobre na região, deixando toda a região conflituosa e em estado de constante tensão.

5. **Guerras:** As guerras intertribais eram uma realidade, mas também poderiam acontecer guerras de tribos aliadas contra um inimigo comum. Tamoios e franceses, temiminós e portugueses, são algumas das alianças que aconteceram historicamente no Rio de Janeiro do século XVI, mas nada impede que outras associações e conflitos também ocorram. Tribos indígenas e grupos africanos quilombolas poderiam ter outros grupos como inimigos comuns, por exemplo.

6. **Piratas:** a pirataria aconteceu em toda a costa da Capitania Real do Rio de Janeiro. Invasores vinham com desejo de riquezas fáceis, não importando quem estivesse em sua frente. Piratas franceses, ingleses ou holandeses podem atacar o litoral a fim de afastar os portugueses e conquistar novos territórios. Histórias contadas ao redor das fogueiras de aventureiros em vários cantos do Brasil dizem que criaturas marinhas adoram explorar as riquezas e o ouro brilhante carregado nas naus, seja dos piratas ou dos aventureiros que viajam pelo litoral.

Aventuras no melhor estilo dos clássicos de pirataria podem estar presentes em *A Bandeira do Elefante e da Arara*.

7. **Itens Mágicos**: sim, itens mágicos! A cultura indígena é rica em itens mágicos ou encantados por poderosos pajés. Africanos também trouxeram, ou produziram objetos mágicos nas terras da capitania, assim como portugueses que possuíam itens possantes, capazes de verdadeiros milagres. Esses itens podem atrair a atenção dos poderosos, cobiçosos para conseguir pôr as mãos em tais artefatos.

8. **Criaturas**: seres fantásticos e poderosos de diferentes tipos e tamanhos, existem por toda a capitania. Eles podem estar simplesmente atrapalhando a criação de uma nova vila, afugentando os colonos de uma região inteira, exigindo tributos ou brincando com a vida das tantas pessoas que tenham invadido seus domínios. A região da Várzea é particularmente um foco de aparições e outras criaturas. Os participantes podem ser chamados para controlar a ação das criaturas na região.

9. **Mapeamento**: os cosmógrafos e cartógrafos raramente arriscavam suas cabeças nas terras da colônia e, geralmente, recebiam as informações pelos exploradores e só então faziam os mapas, reunindo as informações coletadas. Mapear uma região diferente pode ser o pontapé inicial de uma nova aventura pelas terras da capitania. A região interiorana da Capitania é uma área especial que ainda precisa de muito mapeamento, o que pode gerar dinheiro para os aventureiros, cercado de muito perigo, claro.

10. **Maldição**: um grupo de colonos iniciou a construção de um novo assentamento em um lugar onde há anos existe o cemitério de uma tribo indígena. Este local pode ser em qualquer área que o mediador preferir. Os espíritos que estão ali só querem paz e, enquanto não conseguirem isso, vão dificultar a vida dos moradores da região.

11. **Cura**: os europeus trouxeram doenças que não existiam no Brasil. Também foram expostos a doenças tropicais que não existiam na Europa. Africanos também sofreram com a mudança drástica de território. Buscar a cura de uma doença (ou de uma maldição), pode ser o ponto central de uma aventura.

12. **Religião**: as diferenças religiosas podem ser o aspecto central de aventuras mais complexas. Em geral, a cristandade, por meio da Companhia de Jesus, atuou fortemente no processo de catequização de indígenas e dos africanos trazidos à força. Aldeamentos, como o de São Lourenço, podem ser um local de tensão se os povos que vivem ali não desejam ser catequizados. Lutar para manter sua fé e sua cultura pode ser uma bela aventura para se vivenciar.

13. **Capitania x Capitania**: o que se chamou de "conflitos entre as Capitanias" existiu em alguns momentos por conta de riquezas encontradas. Imagine que algo muito importante ou valioso foi descoberto nas proximidades de um local ainda inexplorado na fronteira entre duas capitanias. Como se comportaria a política local? Como os poderosos lidariam com a situação? E se outros grupos - uma bandeira, uma tribo indígena ou um quilombo - juntassem forças para tomar a região? A situação poderia se tornar um barril de pólvora. Boatos que circulam no sul da Capitania Real do Rio de Janeiro dizem que um grande número de navios espanhóis foi visto aportando, em apoio à expansão da Capitania de São Vicente.

APÊNDICE: A LINHA DO TEMPO DA CAPITANIA

Linha do Tempo

1502 – Descoberta da Baía de Guanabara em 1º de janeiro de 1502, em expedição liderada por Gaspar Lemos.

Poucos dias depois, em 6 de janeiro, Dia de Reis, a mesma expedição chega à região que se chamaria Angra dos Reis.

1503 – A expedição de Gonçalo Coelho ergue uma feitoria na região da Baía de Guanabara. A feitoria opera até 1517, mais ou menos.

1519 – A região da Baía de Guanabara se encontra praticamente abandonada durante a passagem do navegador Fernão de Magalhães.

1532 – Martim Afonso de Souza afasta a ameaça de corsários franceses no litoral do Brasil e recebe dois lotes na forma de capitanias. A Capitania de São Vicente engloba a região da futura Capitania Real do Rio de Janeiro.

1555 – O francês Nicolas Durand de Villegagnon aproveita a falta de colonização portuguesa na região para estabelecer a França Antártica na Baía de Guanabara.

1556 – Os tamoios aliam-se com aimorés e goitacazes, no que seria chamado depois de a "Confederação dos Tamoios", para lutar contra a colonização portuguesa na região.

Fundação da colônia francesa de Henriville, na foz do rio Carioca.

1557 – André Thévet publica seu livro *As Singularidades da França Antártica, depois* de ter passado alguns meses vivendo na Capitania do Rio de Janeiro.

1558 – Em outubro, Villegagnon volta à França, deixando Bois-le-Comte no governo da França Antártica.

Os portugueses vencem os franceses na Batalha do Rio de Janeiro e queimam a recém-criada cidade de Henriville. Os franceses, com ajuda de seus aliados tamoios, fogem para a selva.

1560 – Sob o comando de Mem de Sá, portugueses, tupinambás e temiminós vencem as tropas de Bois-le-Comte em 15 de março de 1560.

1563 – os jesuítas Manuel da Nóbrega e José de Anchieta negociam o "Armistício de Iperoig", na esperança de encerrar as hostilidades entre os portugueses e a Confederação dos Tamoios. A paz não dura por muito tempo.

1565 – Após dois anos de guerra, os franceses são expulsos da Baía de Guanabara. Estácio de Sá funda a cidade de São Sebastião do Rio de Janeiro e vira o primeiro Governador-Geral do Rio de Janeiro.

Início da demarcação de sesmarias nas Bandas d'Além.

1566 – Fundação do povoado de Magepe-Mirim, no interior da Baía de Guanabara. Cristóvão de Barros, futuro Governador-Geral da Capitania, é um dos proprietários da região, onde estabelecerá um engenho.

1567 – Inicia-se a transferência da cidade para o Morro do Descanso (posteriormente Morro do Castelo), onde Estácio de Sá manda construir a Igreja de São Sebastião e a Fortaleza de São Sebastião do Castelo.

Estácio de Sá morre em fevereiro após ser envenenado em um conflito contra franceses e tamoios. Mem de Sá se torna o segundo Governador-Geral da Capitania.

Os portugueses eliminam definitivamente a presença dos tamoios e franceses na Baía de Guanabara ao devastar os entrincheiramentos de Uruçumirim e da Ilha de Paranapuã. Muitos tamoios são massacrados ou escravizados, e outros fogem com os sobreviventes franceses. Estes conflitos marcam o fim permanente da Confederação dos Tamoios.

1569 – Mem de Sá retorna a Salvador e deixa seu sobrinho Salvador Correia de Sá para administrar o Rio de Janeiro.

1570 – Cristóvão Monteiro, participante da expulsão dos tamoios da Baía de Guanabara em 1567, recebe uma imensa gleba de terras que se tornará a fazenda jesuítica de Santa Cruz.

1572 – Cristóvão de Barros se torna o 4º Governador-Geral do Rio de Janeiro.

Novos assentamentos surgem nas áreas da Tijuca, Gávea e Laranjeiras.

1573 – Arariboia recebe terras nas Bandas d'Além para a formação da Vila de São Lourenço dos Índios.

1574 – Antônio Salema vira Governador-Geral do Brasil (parte sul), com sede no Rio de Janeiro. Uma das práticas do seu governo é a de espalhar roupas infectadas com varíola na proximidade da Lagoa de Piraguá (atual Rodrigo de Freitas), para exterminar os nativos que habitam a área.

1575 – Na Guerra de Cabo Frio, o governador Salema reúne um exército de portugueses, apoiado por índios catequizados, para atacar os franceses e tamoios do litoral norte da capitania. Milhares de nativos são massacrados e aprisionados e os franceses são expulsos de forma definitiva.

1577 – Salvador Correia de Sá volta a ser Governador-Geral do Rio de Janeiro, esta vez até 1598.

1579 – É promulgado o documento para a criação do aldeamento de São Barnabé (atual Itaboraí).

1580 – Inicia-se a União Ibérica e o domínio da Espanha sobre Portugal.

Para estimular o povoamento na Capitania, várias sesmarias são distribuídas.

1583 – A pesca de baleia no interior da baía de Guanabara se torna importante reforço na economia da cidade.

A primeira encenação da peça "Jesus na Festa de São Lourenço", de José de Anchieta, ocorre na Igreja de São Lourenço dos Índios.

1584 – Acontece a chamada "Pesca Milagrosa" do Padre José de Anchieta na região da Lagoa de Maricá.

1585 – José de Anchieta estima que há 150 famílias portuguesas (cerca de 750 pessoas) e 3.000 índios cristãos na região da cidade do Rio de Janeiro.

1590 – O Mosteiro de São Bento é fundado no morro que ganha o nome do santo padroeiro.

Inicia-se a construção da Fazenda do Saco, em Piratininga, que produz alimentos para toda a região.

Uma capela em homenagem à Nossa Senhora da Conceição é erguida no Morro da Conceição, o que lhe conferiu esse nome.

1596 – Olivier van Noort realiza uma tentativa de invasão neerlandesa na costa das Bandas d'Além.

1598 – Com a influência de Salvador Correia de Sá, agora Superintendente das Minas de Ouro, incentiva a busca por minas de ouro e pedras preciosas na região.

1599 – Após quase 22 anos no cargo, Salvador Correia de Sá é substituído por Francisco de Mendonça e Vasconcelos, o 7º Governador-Geral do Rio de Janeiro.

1600 – No início do século, o tupi é suplantado pelo português como idioma predominante na cidade do Rio de Janeiro.

1602 – Martim Correia de Sá é o 8º Governador-Geral do Rio de Janeiro e o primeiro a nascer na própria capitania.

1603 – Construção da Capela Nossa Senhora da Cabeça.

1608 – Afonso de Albuquerque é nomeado o 9º Governador-Geral do Rio de Janeiro.

Novamente o território brasileiro é dividido em dois governos-gerais, um ao norte da Bahia e outro ao sul no Rio de Janeiro. Essa divisão durou até o ano de 1612, quando o Brasil foi novamente unido, com capital única em Salvador.

1610 – A Rua Direita é construída para ligar o Morro do Castelo e o Morro de São Bento.

1615 – Constantino de Menelau se torna o 10º Governador-Geral do Rio de Janeiro. Menelau introduziu no Rio de Janeiro a prática de usar o açúcar como moeda.

Para reduzir a atividade de piratas no litoral norte, o governador Menelau funda a Vila de Santa Helena, posteriormente chamada de Nossa Senhora da Assunção de Cabo Frio.

A população da região próxima ao Morro do Castelo chega a 12.000 almas.

1617 – Rui Vaz Pinto se torna o 11º Governador-Geral do Rio de Janeiro.

1619 – Frades carmelitas iniciam a construção do Convento do Carmo.

A Capitania de São Tomé é reivindicada e anexada à Capitania do Rio de Janeiro.

1620 – Francisco Fajardo de torna o 12º Governador-Geral do Rio de Janeiro.

1623 – Martim Correia de Sá se torna o 13º Governador-Geral do Rio de Janeiro no seu segundo mandato. Ocupa o cargo até a sua morte em 1632.

1627 – Martim de Sá concede sesmarias entre o rio Macaé e as serras do vale do Rio Paríba do Sul para alguns homens poderosos da região conhecidos como "Sete Capitães". A região tinha sido abandonada após o fim da exploração do pau-brasil.

1632 - Martim de Sá morre em 10 de agosto, e é sepultado na igreja dos frades do Carmo. Seu substituto é Rodrigo de Miranda Henriques, 14º Governador-Geral do Rio de Janeiro.

1633 – O governador concede uma sesmaria em Maricá aos beneditinos, onde estes fundarão a Fazenda São Bento dois anos depois.

1634 – A Paróquia de Nossa Senhora da Candelária surge da pequena ermida à Nossa Senhora da Candelária. A ermida original foi construída por volta de 1610, como pagamento de uma promessa quando um casal espanhol sobreviveu, dentro do navio Nossa Senhora da Candelária, a uma poderosa tempestade enquanto vinham para o Rio de Janeiro.

1635 – Uma pequena igreja é construída no alto do rochedo em homenagem à Nossa Senhora da Conceição, pelo capitão Baltazar de Abreu Cardoso, utilizando mão de obra de africanos. Essa igreja mais tarde receberá a imagem de Nossa Senhora da Penha de França, uma homenagem que futuramente dará nome ao bairro da Penha.

1637 – Salvador Correia de Sá e Benevides, natural de Lisboa, se torna o 15º Governador-Geral do Rio de Janeiro.

1640 – Com a coroação de Dom João IV, acaba a União Ibérica e inicia-se a dinastia de Bragança. É o fim do domínio espanhol no Brasil.

1642 – Duarte Correia Vasqueanes é nomeado Governador interino do Rio de Janeiro. Em três anos turbulentos, será substituído por Luís Barbalho Bezerra em 1643; Francisco de Souto-Maior em 1644, e voltará ao cargo em 1645, quando Souto-Maior parte do Rio de Janeiro para combater os holandeses em Angola.

1648 – No seu segundo mandato, Salvador Correia de Sá e Benevides se torna o 19º Governador-Geral do Rio de Janeiro.

Salvador Correia de Sá e Benevides levanta uma armada no Rio de Janeiro para participar da reconquista de Angola dos holandeses. Ele gasta muito do seu próprio dinheiro no empreendimento, e a população da cidade ajuda com 60.000 cruzados.

1649 – Sebastião de Brito Pereira se torna o 20º Governador-Geral do Rio de Janeiro, quando Salvador Correia de Sá e Benevides foi nomeado Governador de Angola, depois da reconquista deste território. Por conta da saúde frágil, logo passou o posto para Sebastião de Brito Pereira. Como curiosidade, Sebastião de Brito Pereira foi pai de João de Brito, que se tornou evangelizador na Índia e, posteriormente, reconhecido como santo.

APÊNDICE: BIBLIOGRAFIA

CRÔNICAS BRASILEIRAS ESCRITAS NOS SÉCULOS XVI E XVII

- Caminha, Pero Vaz de. *Carta a El-Rei D. Manuel.*
- Santa Maria, Frei Agostinho de. *Santuário Mariano e História das Imagens Milagrosas de Nossa Senhora.*
- Anchieta, Padre José de. *De gestis Mendi de Saa.* (Os Feitos de Mem de Sá).
- Lopes, Pero. *Diário de Navegação da Expedição de Martim Afonso de Sousa (1530 - 1532).*
- Souza, Gabriel Soares de. *Tratado Descritivo do Brasil em 1587.*
- Gandavo, Pero de Magalhães. *Tratado da terra do Brasil - História da Província Santa Cruz, a que vulgarmente chamamos Brasil.*
- e Lima, José Inácio de Abreu. *Compêndio de História do Brasil, v. 1.*

LIVROS SOBRE A CULTURA E A HISTÓRIA BRASILEIRA DA ÉPOCA

- Lisboa, Balthazar da Silva. *Annaes do Rio de Janeiro* (Volume 1).
- Vainfas, Ronaldo. *A Heresia dos Índios.*
- Vainfas, Ronaldo. *Dicionário do Brasil Colonial (1500-1808).*
- Abreu, Maurício de Almeida. *Geografia História do Rio de Janeiro - 1502-1700* Volumes 1 e 2.
- Coaracy, Vivaldo. *Memórias da cidade do Rio de Janeiro.*
- Coaracy, Vivaldo. *O Rio de Janeiro no século dezessete.*
- Del Priore, Mary. *Festas e Utopias no Brasil Colonial.*
- Souza, Laura de Mello e. *O Diabo na Terra de Santa Cruz.*
- Souza, Laura de Mello e. *Inferno Atlântico.*
- D'Escragnolle-Taunay, Afonso. *Monstros e Monstrengos do Brasil.*
- Doria, Pedro. *1565 – Enquanto o Brasil Nascia.*

LIVROS SOBRE O FOLCLORE BRASILEIRO

- Alves, Maria José de Castro e Pereira, Maria Antonieta. *Lendas e Mitos do Brasil.*
- Franchini, A. S. *As 100 melhores lendas do Folclore Brasileiro.*
- Cascudo, Luís da Câmara. *Antologia do Folclore Brasileiro.* (2 Volumes).
- Silva, Alberto da Costa e. *Lendas do Índio Brasileiro.*
- Felipe, Carlos. *O grande livro do Folclore.*
- Yamã, Yaguarê. *Wirapurus e Muirakitãs.*
- Magalhães, Couto de. *O Selvagem.*
- Lobato, Monteiro. *O Saci-Pererê: Resultado de um inquérito.*

FICÇÃO HISTÓRICA AMBIENTADA ENTRE 1525 E 1650

- Guimarães, Vicente Pereira de Carvalho. *Jerônimo Barbalho Bezerra.*

FILMES E DOCUMENTÁRIOS

◆ A Missão (1986), de Roland Joffé

◆ A Muralha (2000), de Denise Saraceni

◆ Anchieta, José do Brasil (1977), de Paulo César Saraceni

◆ Caramuru, a Invenção do Brasil (2001), de Guel Arraes

◆ Desmundo (2002), de Alain Fresnot

◆ Hans Staden (1999), de Luís Alberto Pereira

◆ O Caçador de Esmeraldas (1979), de Oswaldo de Oliveira

◆ O Descobrimento do Brasil (1936), de Humberto Mauro

◆ Pindorama (1970), de Arnaldo Jabor

◆ Raoni (1978), de Jean-Pierre Dutilleux e Luiz Carlos Saldanha

◆ República Guarani (1981), de Sylvio Back

◆ Vermelho Brasil (2012), de Sylvain Archambault

RPGS COM TEMÁTICA BRASILEIRA

Para além dos jogos citados no livro básico de *A Bandeira do Elefante e da Arara*, também podemos citar alguns outros que também colaboraram na disseminação de jogos nessa temática.

◆ Sertão Bravio (2014), por João Pedro Torres. Esse "aperitivo" lançado como versão pré-lançamento baseado no sistema independente Apocalypse World.

◆ Lamento de Tupã (2014), desenvolvido por Silva Pacheco. Baseado no sistema CENA, ainda pode ser encontrado na internet em versão gratuita.

◆ Jaguareté - O Encontro (2013), desenvolvido por Fabio Marcolino, produtor cultural do Museu de Arqueologia e Etnologia da Universidade Federal do Paraná, esse jogo é focado na cultura indígena.

◆ Causos RPG (2017), criado por Diego Bernard e Jorge Valpaços, sobre o trabalho de Eberton Ferreira. Causos não é focado no período colonial, mas trabalha com temas ligados ao folclore brasileiro.

◆ Curumatara - De Volta à Floresta (Livro-Jogo) (2006), escrito por José Roberto Zanchetta e Maria do Carmo Zanini, é o único livro jogo que aborda a temática da cultura nacional.

JOGOS COM TEMÁTICA CULTURAL BRASILEIRA

◆ Aritana e a Pena da Harpia – Duaik Entretenimento/PC/2014.

◆ Ponami – Jogos Aurora/Android/2017.

JOGOS ANALÓGICOS

◆ Jaraguá – de Sérgio Garcia. Ainda em desenvolvimento, Cardgame (2018).

◆ Quissamã, Império dos Capoeiras, de Ricardo Spinelli, Jogo de Tabuleiro (2015).

MENÇÃO HONROSA

◆ Revista de História da Biblioteca Nacional

◆ Revista do Instituto Histórico e Geográfico Brasileiro

AGRADECIMENTOS

Esta é certamente a parte mais difícil do livro. Como agradecer dignamente a todos até esse momento não é trabalho simples. Preciso antes de tudo agradecer ao Christopher pela oportunidade concedida. Também preciso destacar todos os membros do grupo da Bandeira do Elefante e da Arara no Facebook que sempre torceram por este projeto. Gostaria de falar um pouco sobre o trabalho de algumas pessoas: Da Cas, Ernanda, Gabriel, Pedro, Renan, Robson, Úrsula e Victor, sem a "mão" de vocês, este trabalho não teria essa arte magistral! Também é necessário agradecer ao Marcelo Cortez pelas dicas dentro do texto, assim como ao pessoal da Devir (só pelo histórico no RPG já merecem nosso reconhecimento e gratidão). Também quero agradecer ao meu grupo de jogadores que foram as cobaias e viajaram pelas lendas do Brasil Colonial: Ricardo "Fernão" Wagner, Elton "Adê" Azeredo, Vitor, Paulo "James" RN e Tite. Por último mas não menos importante, Thais, Leonardo, Simone e Sueli, por todo o apoio e suporte de sempre. Este trabalho é para a pequena Sofia. Obrigado.

LISTA DE IMAGENS

Ilustrações:
Ernanda Souza - 31
Gabriel Rubio - 30
Guilherme Da Cas - Capa
Pedro Krüger - abertura capítulo 1, abertura capítulo 4
Renan Ribeiro - 50
Robson Michel - 60, 64
Ursula "SulaMoon" Dourada - 4, 8, 14, 19, 20, 27, 28, 35, 38, 55
Victor Ferraz - 32, 70
Infográficos e mapas:
Filipe Borin - 3, 10, 12, 21, 22, 48, 56, 62Ipis et a explacc aeruptas sequis el intotatur assunt qui doles nos si

FICHA DE PERSONAGEM

Na próxima página, oferecemos uma ficha de personagem, que pode ser copiada e preenchida para seus personagens no mundo de A Bandeira do Elefante e da Arara.

Você pode baixar esta ficha e outros materiais de apoio no site **EAMB.org/Brasil/RPG**.

Adetokumbo
Perseverante, Compassivo, Diplomático, 17 anos

Histórico
Adetokumbo, ou simplesmente Adê, nasceu sob os auspícios dos deuses de sua terra. Mesmo tendo nascido na colônia, foi ensinado a ser um sacerdote, conhecedor de sua história e de seus antepassados, para ajudar seu povo.

Habilidades
- Nível 3 (+9) Ifá
- Nível 2 (+6) Saúde
- Nível 2 (+6) Detecção
- Nível 1 (+3) Energia Negativa
- Nível 1 (+3) Folclore
- Nível 1 (+3) Dança
- Nível 1 (+3) Iorubá
- Nível 1 (+3) Português
- Nível 1 (+3) Culinária
- Nível 1 (+3) Barganha

Condição Física
Resistência
Dano Crítico
Anotações

Defesa: 0 Passiva / 0 Ativa
Energia: 20

Dinheiro e Bens
Roupas, mochila, rede de dormir, Ikins e iroke para adivinhações, 1.000 réis.

Armas / Dano

José Trindade
Agitado, Franco, Competitivo, 17 anos

Histórico
O irmão mais jovem de João vem sendo treinado pelo mesmo. Assim como seu irmão, é mestiço. Vive entre a vida na aldeia e na vila. José não usa armas de fogo, preferindo as armas indígenas, mas se veste com as roupas simples dos brancos.

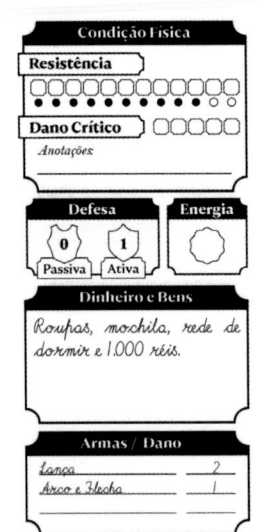

Habilidades
- Nível 3 (+9) Rastreamento
- Nível 2 (+6) Arqueria
- Nível 2 (+6) Corrida
- Nível 1 (+3) Armas de Haste
- Nível 1 (+3) Natação
- Nível 1 (+3) Canoagem
- Nível 1 (+3) Comida Silvestre
- Nível 1 (+3) Folclore
- Nível 1 (+3) Tupi
- Nível 1 (+3) Português

Condição Física
Resistência
Dano Crítico
Anotações

Defesa: 0 Passiva / 1 Ativa
Energia:

Dinheiro e Bens
Roupas, mochila, rede de dormir e 1.000 réis.

Armas / Dano
- Lança — 2
- Arco e Flecha — 1

Fernão de Almeida
Audaz, Colérico, Destemido, 18 anos

Histórico
Fernão é o filho mais jovem de Manoel de Almeida, sesmeiro nas terras do centro-sul da Capitania Real do Rio de Janeiro. Ainda que tenha bom coração, às vezes não consegue controlar tamanho ímpeto. Fernão não teme o perigo e sempre busca ajudar quem precisar de ajuda.

Habilidades
- Nível 3 (+9) Armas de Corte
- Nível 2 (+6) Armas de Fogo
- Nível 2 (+6) Equitação
- Nível 1 (+3) Comércio
- Nível 1 (+3) Medicina de Campo
- Nível 1 (+3) Persuasão
- Nível 1 (+3) Força Física
- Nível 1 (+3) Militar
- Nível 1 (+3) Tupi
- Nível 1 (+3) Português

Condição Física
Resistência
Dano Crítico
Anotações

Defesa: 0 Passiva / 2 Ativa
Energia:

Dinheiro e Bens
Roupas, mochila, rede de dormir, 1.000 réis.

Armas / Dano
- Alfange — 2
- Pistola — 2

Makini
Modesta, Honesta, Paciente, 17 anos

Histórico
Makini foi designada quando criança a ser a guardiã de Adetokumbo, fardo que aceitou de bom grado. Makini é considerada uma poderosa guerreira, seja por sua força ou por ser uma jovem mestre de capoeira – tudo para proteger seu amigo sacerdote.

Habilidades
- Nível 3 (+9) Força Física
- Nível 2 (+6) Capoeira
- Nível 2 (+6) Acrobacia
- Nível 1 (+3) Escalada
- Nível 1 (+3) Corrida
- Nível 1 (+3) Folclore
- Nível 1 (+3) Português
- Nível 1 (+3) Iorubá
- Nível 1 (+3) Armas de Haste
- Nível 1 (+3) Barganha

Condição Física
Resistência
Dano Crítico
Anotações:

Defesa
Passiva: 0
Ativa: 1

Energia

Dinheiro e Bens
Roupas, mochila, rede de dormir e 1.000 réis.

Armas / Dano
- Capoeira — 1
- Lança pesada (bônus Força Física) — 3

James Cranmer
Risonho, Otimista, Energético, 29 anos

Histórico
James veio para o Brasil para localizar pedras preciosas ou ouro. Se apaixonou pela vida no Brasil, optando por viver na colônia em definitivo. Usa roupas no estilo inglês, mas já se comporta como alguém que vive há muito tempo na região. Alto para a média local, tem cabelos loiros e olhos azuis.

Habilidades
- Nível 3 (+9) Armas de Fogo
- Nível 2 (+6) Armas de Corte
- Nível 2 (+6) Armadilhas
- Nível 2 (+6) Inglês
- Nível 2 (+6) Navegação Terrestre
- Nível 2 (+6) Canoagem
- Nível 1 (+3) Náutica
- Nível 1 (+3) Português
- Nível 1 (+3) Latim
- Nível 1 (+3) Pedraria
- Nível 1 (+3) Tupi
- Nível 1 (+3) Artilharia
- Nível 1 (+3) Contabilidade
- Nível 1 (+3) Equitação

Condição Física
Resistência
Dano Crítico
Anotações:

Defesa
Passiva: 0
Ativa: 2

Energia

Dinheiro e Bens
Roupas, mochila, rede de dormir e 1.000 réis.

Armas / Dano
- Arcabuz — 3
- Espada larga — 2

Iberê

Amante da Natureza, Corajoso, Disciplinado, 18 anos

Histórico
O jovem Iberê é o irmão mais velho de Inaiê. É um dos melhores guerreiros e caçadores da aldeia. Sempre que pode, foge para o meio da mata, local onde se sente em paz por completo. Iberê é um grande arqueiro. Mantém seu cabelo longo e o corpo pintado, pronto para a guerra.

Habilidades
- Nível 3 (+9) Arqueria
- Nível 2 (+6) Armas de Golpe
- Nível 2 (+6) Acrobacia
- Nível 1 (+3) Canoagem
- Nível 1 (+3) Força Física
- Nível 1 (+3) Natação
- Nível 1 (+3) Escalada
- Nível 1 (+3) Medicina Natural
- Nível 1 (+3) Português
- Nível 1 (+3) Tupi

Condição Física
Resistência: ☐☐☐☐☐☐☐☐☐☐
Dano Crítico: ☐☐☐☐☐
Anotações:

Defesa
Passiva: 0
Ativa: 2

Energia
☐

Dinheiro e Bens
Mochila e rede de dormir, 1.000 réis.

Armas / Dano
Arma	Dano
Arco e flecha	1
Borrete	2

Inaiê

Crédula, Leal, Imaginativa, 17 anos

Histórico
Inaiê vem sendo treinada pelos pajés para desenvolver seu fôlego. Conhecedora das lendas de seu povo, acredita cegamente no futuro que se abre para si. Tem sempre seu irmão ao lado, o corajoso Iberê. Inaiê tende a acreditar profundamente nas pessoas, nunca vendo maldade nelas.

Habilidades
- Nível 3 (+9) Fôlego
- Nível 2 (+6) Cura
- Nível 2 (+6) Vida
- Nível 1 (+3) Folclore
- Nível 1 (+3) Defesa
- Nível 1 (+3) Corrida
- Nível 1 (+3) Natação
- Nível 1 (+3) Rastreamento
- Nível 1 (+3) Português
- Nível 1 (+3) Tupi

Condição Física
Resistência: ●●●☐☐☐☐☐☐☐
Dano Crítico: ☐☐☐☐☐
Anotações:

Defesa
Passiva: 0
Ativa: 2

Energia
20

Dinheiro e Bens
Mochila e rede de dormir, Maracá, cachimbo e 1.000 réis.

Armas / Dano

Nome

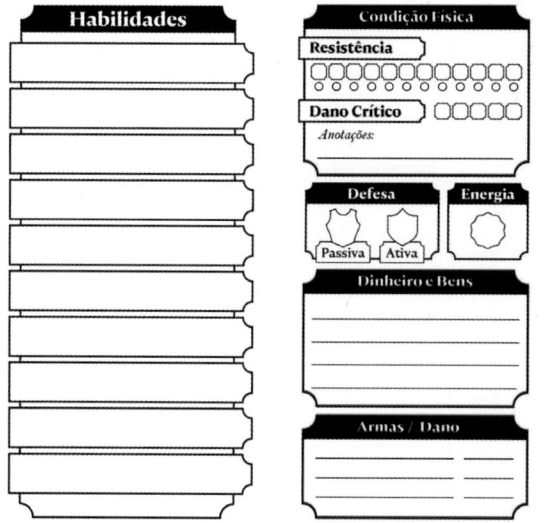

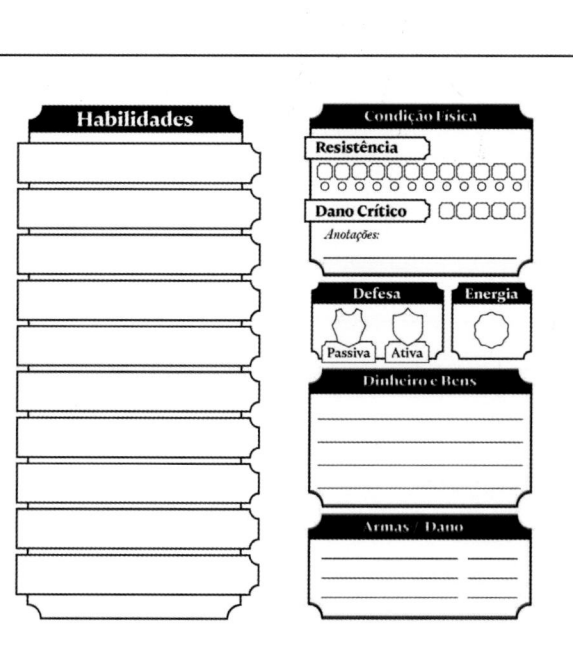

Características

_____

_____ Idade ___

Histórico

Habilidades

Condição Física
Resistência
○○○○○○○○○○
○○○○○
Dano Crítico ○○○○○
Anotações:

Defesa — Passiva / Ativa

Energia

Dinheiro e Bens

Armas / Dano

Nome

Características

_____

_____ Idade ___

Histórico

Habilidades

Condição Física
Resistência
○○○○○○○○○○
○○○○○
Dano Crítico ○○○○○
Anotações:

Defesa — Passiva / Ativa

Energia

Dinheiro e Bens

Armas / Dano

Nome

Características

_____

_____ Idade ___

Histórico

Habilidades

Condição Física
Resistência
○○○○○○○○○○
○○○○○
Dano Crítico ○○○○○
Anotações:

Defesa — Passiva / Ativa

Energia

Dinheiro e Bens

Armas / Dano

Nome

Características

_____

_____ Idade ___

Histórico

Habilidades

Condição Física
Resistência
○○○○○○○○○○
○○○○○
Dano Crítico ○○○○○
Anotações:

Defesa — Passiva / Ativa

Energia

Dinheiro e Bens

Armas / Dano

Ficha de Personagem

a Bandeira do Elefante e da Arara

Nome _____ **Idade** _____

Características
1. _____
2. _____
3. _____

Histórico

Condição física

Resistência
☐☐☐☐☐☐☐☐☐☐
○○○○○○○○○○

Dano crítico ☐☐☐☐☐

Anotações:
_____
_____

Defesa
Passiva | Ativa

Energia

Habilidades

Pontos a gastar [ ]

	Nível 1 *Aprendiz* Custo 1 Bônus +3	Nível 2 *Praticante* Custo 3 Bônus +6	Nível 3 *Mestre* Custo 7 Bônus +9
_____	○	○	○
_____	○	○	○
_____	○	○	○
_____	○	○	○
_____	○	○	○
_____	○	○	○
_____	○	○	○
_____	○	○	○
_____	○	○	○
_____	○	○	○
_____	○	○	○
_____	○	○	○
_____	○	○	○
_____	○	○	○
_____	○	○	○
_____	○	○	○
_____	○	○	○
_____	○	○	○
_____	○	○	○
_____	○	○	○

Dinheiro e bens

Armas / Dano

A OPORTUNIDADE DE UMA VIDA

O sesmeiro Dom Perestrelo está oferecendo uma oportunidade única para aventureiros: a possibilidade de ganhar um imenso lote de terra. Porém, as condições não são para qualquer um: o grupo terá de derrotar os traiçoeiros Motucus, encarar a aterrorizante Alma de Gato e solucionar os outros perigos sobrenaturais que infestam "A Misteriosa Sesmaria de Dom Perestrelo".

Também incluído com a aventura, o Escudo do Mediador é um auxílio para mediadores que agiliza a consulta de informações importantes durante suas sessões. O escudo apresenta uma pintura inédita de Lucas Torquato.

DEVIR

UMA NOVA EDIÇÃO DO LIVRO PREMIADO

A edição expandida das regras é imperdível, com mais páginas, novas imagens e um refinamento das regras originais. Em breve nas lojas.

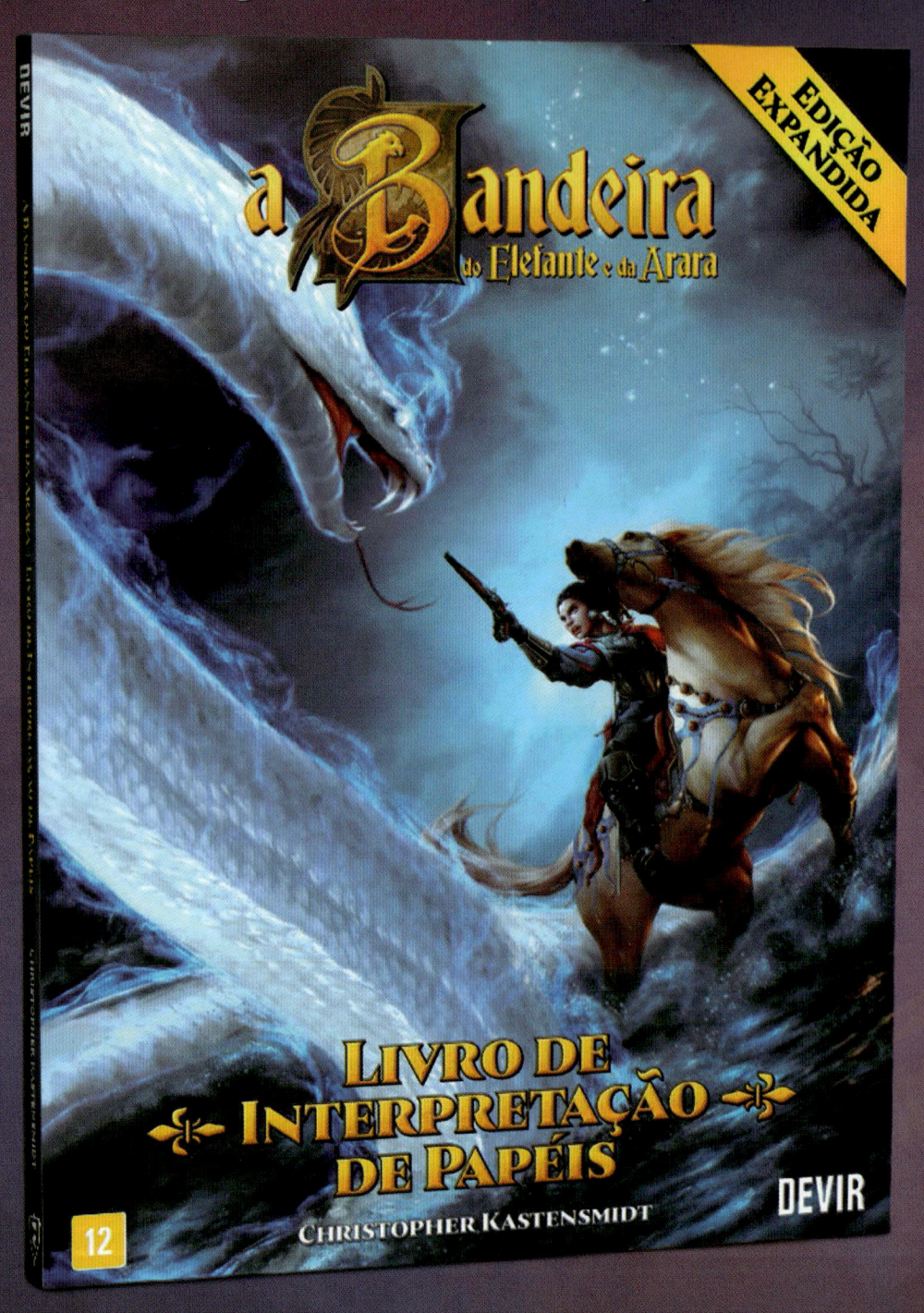

Você pode encontrar uma prévia do livro no nosso site:
www.EAMB.org/Brasil/RPG

DEVIR